U0062077

爐峰櫻語

戰前日本人物

香港生活談

黃可兒 ❀ 著

目次
もくじ

序

夜來風雨聲，花落知多少？

「生時麗似夏花，死時美如秋葉」這句話，形容的是日本傳統生死觀。

1968 年，川端康成獲頒諾貝爾文學獎。這是歷史上首度有日本人得到諾貝爾文學獎。然而，1972 年，沒有留下遺書的川端康成以自殺方式默默離開人世，終年 72 歲。

有評論家說，這正是川端康成以死亡去完成人生的體現。作為三島由紀夫的好友，川端康成受到三島由紀夫剖腹自殺的衝擊，擔任葬儀委員長後情緒波動，再加上對年老的恐懼、人生已達巔峰等種種原因，最終選擇走上自行了結的道路。

櫻花短暫謝卻終生美麗。花如是，人亦如是。

成長於 90 年代香港的筆者，中學音樂課本上有世界各地的民謠與歌曲。歐美的有《卡門》、《飲酒歌》、中國傳統民謠有《鳳陽花鼓》以及《青春舞曲》等等。代表日本的，卻是帶有蒼涼孤寂愁緒的《櫻花》。

日本並不是只有櫻花，早於櫻花盛開前的嚴寒日子，梅花已不懼風雪地綻放得倔強倨傲。筆者就曾專程前往埼玉縣越生町看臘梅，甚為感動。相比中國文人熱衷於歌頌梅花，在日本，櫻花可有壓倒性的人氣。

無論五分還是七分綻開的花蕾，櫻花都有獨特的美態。當櫻花的枝椏伸向天空，便是春曉之時。這一首名為《櫻花》的民謠，除了在日本家傳戶曉，在外國亦享負盛名。

1923 年，關東大地震。當年出生於關西神戶的宮城道雄自幼對西洋音樂甚有造詣，他的作品《櫻變奏曲》原型是明治年代

以日本傳統樂器彈奏的「箏曲」，經過宮城氏改編之後，可以用西洋管絃樂彈奏，並且曾經見於歌劇《蝴蝶夫人》之中。這樂曲正是《櫻花》民謠的前身。歌詞的背景相傳來源於日本國學大師本居宣長的和歌，歌頌「朝日（代表日本）的美麗」。

離開了教科書，櫻花依然是作曲填詞的寵兒。

福山雅治的《櫻坂》、作為畢業歌曲成為平成年代記憶的森山直太郎的《Sakura》、河口恭吾的《櫻》，每年的櫻花季節總不絕於耳，深入民心。

滄海桑田，花開花謝，隱藏在脆弱花朵背後的「和心」既美且雅。若然以花喻人，生命大限亦不過匆匆數十載，賽不過時光荏苒，短瞬即逝。

對於春花凋零，清朝的曹雪芹說得好：「一朝春盡紅顏老，花落人亡兩不知！」

歷史巨輪不斷前進，我嘗試逆轉時針，回到百多年前。在這小小島嶼，是否也有化作春泥的散落櫻花？

「年年歲歲花相似，歲歲年年人不同。」

這些曾經在香港寫下人生故事的櫻花國民，即使墳草已青，他們遺留下來的雪泥鴻爪，我相信依然是香港歷史研究的有趣「番外篇」。

此為序。

第一章

枯骨猶唱大和魂

小序　跑馬地日本人墳場墓主香港緣

　　縱使香港中外文化發展源遠流長，華洋合璧的生活習慣早就塵埃落定，但對於傳統忌諱，香港人卻意外地保守。

　　遵從「未知生，焉知死」的教誨，死後的世界如何，在世的人並不能斷言。埋葬屍體的墳場，似乎就是生者與死者最接近的距離。

　　有人說，墳場是充滿回憶的地方。埋葬在黃土下的並不單純是物理上腐朽的人類肉體，還包含社會記憶、民族情緒、個人心路歷程等。墳場並不單純是埋葬離世者軀體之用，同時背負着紀念祭祀、懷緬追憶的情感。

　　香港曾經作為無數商旅船隊的中轉站、亞洲窺探西方文明的一扇窗，擁有不同國籍、信仰、各自背負着自己的使命與夢想來到這裏的人，無論是客死他鄉還是壽終正寢，都有機會被埋葬於此。

　　根據香港歷史研究者高添強在 "Voices from the Stones" 一文中指出，跑馬地墳場建立於 1845 年，最早的墳墓紀錄是 1841 年。其後 1857 年在其旁興建了猶太人墳場。到了 1870 年，回教人的墳場也在跑馬地落成。墳場共有不少於 7,000 個墓碑，紀念 19 世紀末期至 20 世紀中葉離世的人們。

　　在芸芸眾碑中，大約有 470 個墳墓屬於日本人，被稱為「香港日本人墓地」，埋葬了大量來自日本的青年人。

　　這些青年人大部分生卒於 19 世紀中葉到 20 世紀初期 20 年代左右。當中有以香港為中途站前往外國的年青志士、亦有以香港為夢想之地開拓生活事業的拓荒者。

　　在資訊、交通落後的年代，要出國並不容易。歷史為成功人

百年前居港日僑，左圖攝於唐樓前，右圖相信攝於香港花園（今動植物公園）。（圖片由蕭險峰先生提供）

士寫下不朽的篇章，他們的故事成為家傳戶曉的傳奇。在《爐峰櫻語：戰前日本名人香港訪行錄》，我們從歷史汪洋中找到 20 位在香港留下驚鴻一瞥的日本名人。成書後的喜悅沒有持續很久，因為我還念念不忘跑馬地墳場沉睡着的其他亡魂。舞台鎂光燈背後寂寂無名的生命，如春風吹過的櫻花樹，即使花瓣散落泥土，即使已被遺忘，但化作春泥仍不失意義。

19 世紀的香港，流行着各種各樣的疾病，即使是健康的年青人，也有可能客死他鄉。1890 年 2 月，香港日本人慈善會創立。這是香港最早期的日本人互助組織，當中最重要的職責就是贈醫施藥，生養死葬。只要繳交會費，無論疾病還是死亡都能得到照顧。1894 年香港鼠疫流行，日本人亦深受其害。雖然後來有北里柴三郎醫生救助疫情下的香港，但還是有 203 位日本人感染鼠疫死亡。

20 世紀初，香港政府得到教訓，致力改善衛生環境，以西

方醫學為中心重整醫療體系。隨着日本移民增多，本願寺在灣仔發展傳教事業，建立婦女會及小學。慈善會並不單止倚賴會費和捐贈，還透過賽馬活動獲取收益。1912 年，日本人專用的火葬場在跑馬地郊外建成，不少日本人會把先人遺體火葬，再將遺骨送回日本。

1941 年 12 月至 1945 年 8 月，日本軍隊對香港展開三年零八個月的佔領，戰後英國軍隊回到香港，強制命令日本人離開。即使在香港長年居住的日本人，倉促間也無暇顧及祖先的墳墓便得迅速歸國。這些被冷落的墓地直到 1982 年才重新受到關注，慈善會 1919 年創建的火葬場當中的萬靈塔也被搬到墳場之內。到了 1992 年和 2000 年，香港日本人墳場得到日本外務省的支援，重新整理。

船員、苦力、商人、醫生、學者 …… 不同的人不同的人生，他們或者在香港留下雪泥鴻爪，又或者永遠埋骨黃土之下。他們努力經營的生存智慧與各種經驗，成為日後日本商業貿易、文化學術等輸入香港的基石。

現在，日本人墓地的旁邊種植了很多河津櫻，乍暖還寒之際不難碰到粉嫩的櫻花花蕾竭力抵抗亞熱帶的炎熱，它們是 2004 年在香港表演的知名歌舞伎演員市村萬次郎伉儷捐贈的。

現在就讓我們來探索這些在香港已經埋葬了百多年的日本人的故事。

早期日籍婦女參與香港洋人聚會（圖片由 Morpheus Antique 提供）

LE MONDE ILLUSTRÉ

JOURNAL HEBDOMADAIRE

明治時代的歐洲報章，報導日人在海外舉行的葬禮。

01

湯川溫作

留名《雨果日記》的少尉

❀ 一

「香港日本人墓地」故事的第一位主人翁，是得年 22 歲的湯川溫作。

作為日本明治維新時期出國深造的莘莘學子，他們每一位身上都背負了國家的期望。跟日本第一任總理大臣伊藤博文及「明治維新之父」吉田松陰一樣，湯川溫作於 1856 年出生於幕末強藩 —— 長州藩（今山口縣）。就讀長州藩藩校學習西學知識的的少年湯川很早就開始學習法語，16 歲那年得到陸軍省財政支持，成功晉身留學生的行列，目的地是法國。

1872 年 11 月 12 日，湯川溫作乘搭郵輪前往法國馬賽。1870 年代經橫濱及香港前往馬賽的很大機會是法國郵船公司（Messageries Maritimes）的郵船，當時橫濱的事務所位於居留地 10 號。除了在國際貿易大展拳腳之外，日本有識之士當中亦不乏前往法國開拓視野者。湯川溫作出發前一個月的 10 月 16 日，就有大量日本人乘搭郵船前往法國的紀錄。若果要數有名望的人，當中就包括東本願寺法主現如上人一行五名，以及前往歐洲調查法律的井上毅等人。至於跟隨現如上人的成島柳北，後來還寫下了《航西日記》，成為今日研究明治維新海外探索的珍貴歷史資料，讓我們能夠更細緻觀察及理解當時各地的現代化發展與社會民生的細節。

湯川溫作在法國期間的經歷，留下的資料並不多，但可以肯定的是這位年紀輕輕卻法語流利、前途無可限量的的青年成功考入首都巴黎的最高學府 École Polytechnique，並且度過了五年的歲月。近年有學者對他的生平做研究，發現在《悲慘世界》作者、法國大文豪雨果（Victor Hugo）的日記裏，竟然可以找

到這位日本青年曾經在法國居住的證明：1876 年 1 月 30 日，雨果記下自己當日當選上議院議員，為了避開狂熱的民眾，「跑入埃及酒店，再次遇見了日本青年 You Ka Va（Le Japonais You Ka Va）」。雨果又說這位青年曾在一個月之前跟藝術家 Philippe Burty 同行，現在正好又住在這間酒店，造就了這場重逢。由於日本曾在 1867 年巴黎世界博覽會展出作品，往後巴黎的藝術界對古老神秘的日本產生興趣，開始關注日本的美術作品。這位同行的 Philippe Burty 跟湯川溫作並不算同輩，他出生於 1830 年，是一位美術評論家，同時也是作家、詩人、版畫家、美術收藏家。在當時法國已經有廣泛影響力的 Philippe Burty 是首位使用 "Japonisme" 去描繪日本風格對歐洲藝術影響的人，直至今日這個詞語還被廣泛運用。慶幸能夠透過雨果日記的紀錄，我們得以知道學習陸軍知識、精通法語的湯川溫作原來在學習軍事知識之外，對推廣日本文化亦曾出一分力，跟法國的美術界人士有過來往。Philippe Burty 對日本藝術品相當入迷，他所收集的除了浮世繪，還有日本的陶瓷和刀劍。後來他還創辦以日本藝術為題材的法國雜誌 *Le Japon Artistique*，對法國與日本的美術藝術交流有莫大的貢獻。1884 年日本畫家黑田清輝等人前往法國，更把當地的繪畫技法以及觸覺帶回日本，將 19 世紀末至 20 世紀初期兩地藝術的交流推向巔峰。有關黑田清輝在法國留學以及在香港的旅程，特別是他對現時維多利亞公園維多利亞女王銅像的藝術評價，詳見筆者《爐峰櫻語：戰前日本名人香港訪行錄》一書。

　　日本人長壽人盡皆知，但是 19 世紀前往世界各地展開大冒險的日本人普遍年齡只有 20 來歲便撒手人寰。埋葬在日本人墓地的大部分 19 世紀日本人，平均年齡都不足 30 歲就離世。身在法國留學的湯川溫作不幸染上腦疾，於是啟程回鄉。跟去程一樣，湯川溫作乘搭的船隻回程時也經過香港，由於病情急轉直

下，船上眾人提議到達香港便馬上到醫院尋求協助，不能拖延。
本來有考慮讓病人乘搭 8 月 6 日的船隻盡早回國，可是讓奄奄
一息的病人轉乘其他船隻這種想法並沒有得到船醫的批准。當時
香港是英國殖民地，已經有一定的先進醫療設施，再加上當地已
開設有日本的領事館，在香港接受治療似乎是僅餘的選擇，然而
這個選擇亦需要得到陸軍省的批准。同船的中尉小阪千尋，與另
一位同僚廣寅一共同照顧生病的湯川溫作。可是等得到批准卻
已來不及醫治，湯川溫作在 1878 年 8 月 5 日撒手人寰，終年 22
歲。小阪千尋等人在香港領事館的寺田書記生陪同下，為湯川溫
作舉辦簡單葬禮，其墓碑號碼為 4372。至於行政方面，湯川溫
作的死亡證明由法國駐香港領事館及船上的醫生幫忙辦理。小阪
千尋等人則在 8 月 7 日乘船經上海回日本。

　　雖然名銜是「少尉」，但湯川溫作並未參與過任何戰事。他
的墓碑在香港日本人墓地高聳奪目，並且以他最得意的法語記錄
他的一生：

TOMBEAU/ DE/ ONSAKU YUKAWA/ OFFICER
JAPONAIS/ MORT A HONGKONG/ LE 5 AOUT.
1878/ A L'AGE DE 22 ANS/ EN RENTRANT DE LE
FRANCE/ A SA PATRIE

英語翻譯：

Tomb/ of/ Onsaku Yukawa/ Japanese officer/ died
in Hong Kong/ 5 August, 1878/ at the age of 22 years/
returning from France/ to his homeland

是次喪禮及殮葬的費用皆由香港日本領事館預付，之後再上報審批法國公費留學生的陸軍省。如果不是患上腦疾，湯川溫作可能會跟司馬遼太郎《坂上之雲》中的秋山兄弟一樣，在戰場上大展身手，留下彪炳戰績。「出身未捷身先死」，恰好可作為湯川溫作的輓詞。

孕育湯川溫作成長的家鄉 ── 萩

位於今山口縣的萩，被稱為明治維新發源地，每年都有無數喜愛幕末及明治年代歷史的人到訪。萩的歷史旅遊做得相當出色，筆者就曾經在明治維新 150 周年專程前往，找尋高杉晉作、伊藤博文、山縣有朋、吉田松陰等人的歷史足跡。

萩的歷史保育做得很好。2017 年參加歷史導賞團只需要 500 日圓 ── 不過一杯咖啡的價錢。負責帶團的都是當地熱衷歷史、希望推廣文化旅遊的居民，透過眼神可以知道這些熱愛家鄉的居民信心滿滿，領導日本走進國際的長州志士先賢、保存良好的市街，都是他們的驕傲。

即使拿着 150 年前的地圖走在萩的街道上，基本上也八九不離十，轉變不大，並不可能迷路：沿着街道往前走，就是某家臣的屋敷、轉角將會見到怎樣的廟宇、再往前繼續探索，又發現某藩士的住宅，都心中有數。這些百年如一日的街道建設，沒有當地居民政府的支持，絕不可能妥善保存至今。就連路邊的石垣經過歲月風霜洗禮，即使上面幾次修葺，已蓋上混凝土，依然可看

見最底層顏色不同的古老岩石。「最底層的岩石就是花崗岩」，帶團的女士興致勃勃地說，「花崗岩抗風化作用很好，祖先選擇用這樣的材料建造矮牆有先見之明，這些古物才得以沿用到今天」。

萩最知名的藩校名為明倫館，今日已改建成為博物館。博物館內介紹維新五傑、長洲曾經參與的慘烈戰爭、薩長同盟等，亦提到高杉晉作曾經到訪上海，及其對於割讓香港的感想。

湯川溫作未曾學成歸國即葬身香港，沒有寫下功績的未來陸軍軍官在往後的陸軍發展中，並不如幫忙籌備喪禮的小阪千尋知名──這位小阪千尋後來曾經以大山巖的隨從身份再次到訪香港。在湯川溫作過身後 12 年的 1884 年 2 月 16 日，橫濱港口的法國郵輪明智號揚帆出海。郵輪上載有大山巖及其他遠赴歐洲作軍事考察的陸軍將領和兵士，再加上兩位陸軍留學生，總數共 17 人。明智號於 2 月 20 日上午 10 點抵達香港港口，當時香

湯川溫作年代的家鄉藩校明倫館

港的日本領事館以町田實一代理領事為首的迎接隊伍乘小蒸氣船前往迎接。抵達後，大山巖跟小阪千尋少佐住在領事館，其他中將、少將等就住進新開業的法國旅館。12 年的歲月，中尉亦成為少佐，住進領事館了。

在萩的芸芸藩士清單之中，我們可以找到湯川家的名字。雖然同屬長州藩，但我們的主人翁湯川溫作是否這個家庭的孩子，抑或長州藩是否還有其他的湯川家，我們並沒有足夠的資料去確認；但是湯川家屋敷跟萩的其他古老建築物一樣，在 21 世紀同樣受到保護成為古蹟。根據當地居民指出，湯川家屋敷旁邊是桂太郎屋敷，桂太郎曾經就讀於明倫館，因此作為鄰居的湯川家想亦有同樣的級數，有能力把孩子送進明倫館也未可知。這位桂太郎曾經在 1884 年跟隨大山巖前往歐洲出差，途中經過香港，入住新落成的法國酒店，並且拜會港督及參觀賽馬，亦曾在杏花樓品嚐中國菜。有關大山巖一行人在香港的行程，可以參閱本書姊妹作《爐峰櫻語：戰前日本名人香港訪行錄》。

湯川溫作出生於幕末，他前往法國學習的時候還不過是 1872 年，日本社會經過戊辰戰爭元氣大傷百廢待興，學習外國語言相當困難。當時，幕府跟法國聯繫密切，薩摩藩與長州藩卻跟英國關係良好，因此在長州想要學習法國語，絕對不是輕鬆容易的事情。1992 年，學者奧村功研究指出明倫館的分校 —— 山口明倫館有開設法語課程，湯川溫作讀書的時候已經開校。不排除他就是在今日已經廢校的明倫館攻讀法語，再經陸軍省推薦前往法國留學。另外陸軍的士官學校，由於跟德川將軍家族有關連，當中也有加入法國式的教育，讓孩子先學習法國語，再學習法國的軍事制度等知識，從而派遣到法國深造的可能性亦存在。事實證明，明治年間的陸軍，為數不少來自長州。這一點，大概跟山縣有朋勢力發展也有一定的關係。

　　回顧最初日本為什麼會跟法國有來往呢？那是 1858 年湯川溫作還是小孩子的時候，法國的使節來到日本，跟日本締結通商條約，正式開始兩國的官方交流。江戶幕府以小栗忠順和栗本鋤雲為中心，跟法國公司接觸過後導入製鐵技術與軍事知識，後來還參加 1867 年巴黎的世界博覽會。日本有識之士學習西洋知識最初主要透過荷蘭語，後來就變成英語及法語。明治政府以改正不平等條約為當務之急，為了了解歐美的外交規則及國際法律，自然就派遣大量留學生與外交官前往國外深造，我們經常聽到的岩倉使節團就是最著名的例子。

　　湯川溫作，就是出生在力求變革的長州、幕末明治初動蕩年代。

02

福原香世子

明治元老孫女魂絕香城

上文提到湯川溫作年輕時曾經就讀於長州的明倫館，該館分別開設有萩校和山口校，湯川溫作在山口校學習法語。至於今日還能參觀的萩校更是星光熠熠，知名校友包括桂小五郎、吉田松陰、高杉晉作，還有在明治政府初年擔任過外務卿、農業商業大臣等職務的侯爵井上馨。井上馨掌權期間一直推廣商業發展，即使在 NHK 大河劇《衝上青天》中，主角是奠定日本銀行商業發展的澀澤榮一，井上馨仍然是舉足輕重。跟湯川溫作一樣，本節主角的祖先也是來自長州的士族。井上馨妹妹孝子嫁入福原家，長男榮太郎自然就是井上馨的外甥。這位福原榮太郎後來就前往香港工作。另一方面，湯川溫作的鄰居桂太郎跟井上家也有姻親關係。

1862 年 7 月 10 日，這位侯爵外甥福原榮太郎出生於山口縣。多得舅父各式各樣支持，福原榮太郎得以在今日依然是首屈一指的名校慶應大學的前身 —— 慶應義塾攻讀，畢業後受聘於三井物產會社。當時三井物產會社正在大隈重信、井上馨等人為首的明治政府財經界人物努力下積極拓展海外業務，陸續開設分公司，招攬大量人才。最初三井物產除了採用 1875 年開辦的商法講習所、東京商業學校、商科大學等後來被稱為「一橋系」的畢業生之外，慶應義塾、大阪商業學校等高等教育機構出身的學生都像福原榮太郎一樣被派遣到海外店舖。三井物產於 1876 年 7 月 1 日創立，翌年 11 月 8 日開設上海分公司，其後分店陸續進駐巴黎、香港、紐約、倫敦、米蘭等地，在幾年間迅速擴展，派遣到世界各地的年青畢業生，也成為了各分店的負責人。可惜除了上海分店首任負責人上田安三郎，過往對他們詳細深入的歷

福原榮太郎的
舅父井上馨

史探究並不多。另外，現時日本的三井集團在法律上跟 19 世紀的三井物產並沒有直接的關係，這一點我們也要留意。

　　三井物產會社香港分店於 1878 年 8 月 17 日開設，取名三井洋行（Mitsui Bussan Kaisha），位置在畢打山 7 號。兩年後三井物產香港分店轉為正式的分店，由金子彌一出任店長。7 月分店停止與第一銀行的聯營關係，轉為獨立經營。這是繼上海及巴黎後第三間海外分店，比紐約及倫敦更早。香港三井物產會社背負着當時掌握財政大權的大隈重信的厚望，在澀澤榮一率領的第一國立銀行協力下，推動明治初年日本政府的貨幣政策，以推廣日本銀圓於香港貿易的廣泛使用為己任。若然日本的貿易銀圓在香港政府合法化，不單涉及日本的利益，同時更事關港口貨幣通用，屬於互惠互利的事情。雖然三井洋行正式開業是在 8 月 17 日，但是一直以來都有辦理從日本寄過來的銀圓兌換和匯率業務，所以自從 7 月 14 日長崎縣寄錢過來，便開始使用三井物產會社匯率券。順帶一提，日本政府曾經派遣英國人 John Pittman 到香港視察設立分店和貿易銀幣流通的準備工作，並且與當時的

日本領事安藤太郎會面。

香港分店的首位負責人執行弘道出生於 1853 年，比本節的主角福原榮太郎年長九歲，父親是佐賀藩士。他的出生地是主導明治維新的四大強藩「薩長土肥」中的肥前，也就是今佐賀縣、長崎縣一帶。執行弘道在 1870 年升讀大學南校[1]，之後前往美國留學四年。學成歸國後，他先在日本外務省擔任三等書記生，接着以二等書記生的身份代表外務省前往廈門領事館工作。離開廈門後，他來到香港並成為首任三井洋行的負責人。跟他一同過來的還有另一位職員，但是名字已不得而知。由於之前有管理經驗，根據《稿本：三井物產株式會社 100 年史》記載，首任三井物產會社負責人每個月有 50 日圓的工資，相比起沒有管理經驗的上海負責人上田安三郎，足足高了一倍！同年 5 月之後，執行弘道再沒有收取工資的紀錄，相信已經離任。他的繼任人是慶應義塾畢業的金子彌一，之後則是益田科三。總的來說，井上馨外甥來到香港之前，三井物產會社已經在前人的努力下經營了一段時間。雖然三井物產會社開業不久便於 1881 年 4 月關門大吉，但五年後的 1886 年 1 月又再展開業務。這次的目的是為了拓展日本官營的三池碳礦生產的石炭在海外的銷路。

福原榮太郎在 1883 年 6 月時原本任職於上海分店，跟隨負責人上田安三郎工作。雖然他是在日本國內高等教育機構商科畢業，但也只是普通職員的身份，還未去到負責人的地位。26 歲的福原榮太郎作為海外派遣員工，於 1886 年 2 月來到香港分店赴任，這正正是香港分店再次展開業務之後一個月。作為捲土重來的香港分店其中一名員工，福原榮太郎在香港的業績相當出眾：石炭及焦炭經香港向海外發展不在話下，商品的種類亦與日俱

1　位於東京的洋學學校。

增，例如加入了綿線、白米等。日本製造的火柴輸入香港後，更曾經一度獨佔香港市場。

不少人在研究日本企業擴展海外貿易的歷史時，往往只着眼於作為骨幹的日本人職員，卻忽略了華人的重要性。福原榮太郎在香港工作時，曾與華人共事。根據他離開香港當年的紀錄，連同負責人福原榮太郎在內，總共有六名日本人員工，華籍員工卻有 14 名。三井物產會社跟其他國家的洋行一樣，都有聘請買辦協助的習慣。福原榮太郎加入香港分店之時，就有名為鄧維的華籍買辦的紀錄。鄧維在三井物產工作時間甚久，一直工作至福原榮太郎歸國後的 1897 年 4 月意外死亡，其後由他的弟弟鄧疊接替工作。直至後來三井物產不再需要華人幫忙擔當買辦，就在 1902 年 8 月把弟弟也解僱了。這除了因為三井物產想培訓自己的專用人才以節省開支，其中一個原因還包括香港分店曾經發生過盜竊事件。1901 年香港分店倉庫裏 400 噸的石炭有 72 噸被偷走，會社方面就相信是跟買辦有關。

閱讀 1915 年出版、記錄日本重要歷史人物事蹟的《人事興信錄》，會發現當中有福原榮太郎的家世紀錄。福原榮太郎在 1897 年 9 月以長男身份繼承了家督地位，妻子是山口縣小澤家小澤正路的五女，名為エイ（Ei）。根據紀錄，福原榮太郎的長男出生於 1894 年 2 月，其後在 1902、1906、1910 年還育有其他子女。其實，福原榮太郎還有一位在香港出生的女兒沒有被記錄在內，她就是埋葬在香港日本人墓地的福原香世子。1892 年 1 月 5 日，福原榮太郎的長女在香港誕生，取名「香世子」。我們不知道是不是因為在香港出生，所以加上「香」字，但由於小孩子及皇族女性都喜歡加一個「子」在名字之後，所以小小的墓碑上就雕刻了「福原香世子之墓」的文字。香世子出生後的三個多月，初為人父的福原榮太郎升職成為香港分店負責人。可是好

景不常，長女香世子在出生後五個多月便夭折，魂歸天國。當時
香港已經有日本人的墓地，福原榮太郎把嬰兒埋葬在跑馬地山
邊之後一年，便離開香港。其後他輾轉到過倫敦工作，後來於
1901 年在家鄉山口縣小野田市的企業小野田水泥會社任第三任
社長。

　　三井物產會社倫敦分公司明治年間其中一位負責人田邊次郎
跟香港亦有淵源。他曾經於 1878 年在香港留學，父親更是 1863
年幕府遣歐使節團隊成員益田孝的隨從田邊太一。可見把職員派
遣往英國前，在香港進行殖民地觀察，亦是了解英國文化的其中
一步。

❀ 二

　　福原榮太郎的舅父、香世子的舅公 —— 井上馨的名字經常
跟大隈重信並列。尤其如果喜歡看大河劇《衝上青天》，必然不
會忘記大隈重信、伊藤博文經常「孖公仔」般出現。踏入 21 世
紀，大隈重信秘書峰源次郎處流出過百封外國人的書信，使日
本史學界對他的研究再次出現新方向。當中，就有不少他跟香
港第八任總督 —— 軒尼詩爵士（Sir John Pope Hennessy）的書
信紀錄。軒尼詩爵士身為第八任香港總督，任期從 1877 年 4 月
22 日到 1882 年 3 月 7 日。今時今日灣仔有軒尼詩道，他的輔
政司柯士甸（John Gardiner Austin）也成為九龍的交通要道的名
稱。1953 年，著名日本傳媒人德富蘇峰曾經這樣描寫明治維新
的元老：「當時的日本元老們對西洋人的恐懼簡直是不可思議的

明治政府憲政三巨頭：伊藤博文（右）、大隈重信（中）、
板垣退助（左）

程度。井上馨也好、伊藤博文也好，他們都曾經在年輕時遠赴歐
洲，可能因為深諳對方優秀而產生恐懼。即使是在戰場上雄赳赳
的山縣有朋，在《馬關條約》的談判期間也不擅長面對外國人。
能夠堂而皇之與白加士對話的，恐怕就只有大隈重信了。」這個
白加士（有部分台灣書籍翻譯為「巴夏禮」）就是英國第二代駐
日大使、以強硬手段聞名的 Sir Harry Smith Parkes。他離開日本
後成為清國及朝鮮的大使，後來成為佐敦街道的名稱。

　　上文曾經提過日本貿易銀圓開始流通於香港，大隈重信、井
上馨跟香港總督軒尼詩的關係亦由這個銀圓流通事件開始。為了
與國際貨幣接軌，明治初年的貨幣政策尚處於適應階段。由於日
本銀圓經常流通海外，無形間與其他海外的銀圓構成廣泛貿易平
台，時刻影響各國金銀兌換及比價。後來日本改為發行幣值更高
的金圓，以黃金鑄造。這些過多的銀圓逐漸流落到東三省、台

灣、朝鮮等地。John Pittman 本來活躍於中國貿易，與日本銀行亦有生意往還。日本明治政府派遣 John Pittman 調查新發行的日本銀圓在海外流通的情況，處理舊貨幣與假貨幣的問題，並試圖說服香港政府將新發行的日圓定為法定貨幣。John Pittman 跟香港總督會面陳述觀點後回到日本，接着的部分就由井上馨、大隈重信接力了。

　　1879 年 2 月 18 日，大隈重信得知香港總督即將前往日本渡假的消息後，立即向上呈報，表示三井物產及廣業商會在香港陸續開店促進了貿易的繁榮，再下一步必要令日本銀圓在香港成為通用貨幣，因而建議在軒尼詩到訪日本期間打好關係。透過井上馨的傳記，我們得知軒尼詩總督訪日的接待工作主要由他和大隈重信負責。6 月 7 日軒尼詩到達橫濱，大隈重信接風，當晚就住在東京井上馨的府第。當時福原榮太郎還只有 17 歲，是預備進入慶應義塾的年紀。當時他大概沒有想過，他未來人生將要前往舅父家中這位賓客管轄的領土。接待軒尼詩的除了井上馨，還有當時在香港貿易發展及貨幣政策都有參一腳的銀行家澀澤榮一、三井物產的益田孝、三菱郵船的岩崎彌太郎，以及三井銀行的三野村利助。井上馨幾乎全程陪伴軒尼詩，並且在 6 月 17 日陪同從橫濱前往大阪造幣局。為了要加強軒尼詩對日本的信心，之後的 7 月 8 日還同行到大藏省的金庫參觀。從密密麻麻的日程表可以看到軒尼詩對於擴展香港與日本的貿易真心抱有希望，他不但參觀大藏省的設施、前往各地的工廠及實驗場視察，還跟東京、大阪有實力的商人接觸。他在 6 月 13 日東京相關會議所的演說，亦被廣泛刊登在各大報章。

　　軒尼詩跟 John Pittman 一樣，屬於親近明治政府的外國人。與他積極開放的態度相比，白加士就相對苛刻嚴厲。有日本學者認為，這是因為軒尼詩出生於愛爾蘭家庭，對於帝國主義下受到

壓迫的人民抱有同理心。閱讀香港歷史時，都知道軒尼詩主張改善監獄設備、廢除流放香港居民、成立保良局、起用伍廷芳為立法局議員、使華人在香港地位得到改善等，比起以往七任總督最沒有種族歧視。父母雙亡、15歲已經在清國與日本成長的白加士便不具備這種性格，他對自己的經驗和眼光有絕對自信，深信對於冥頑不靈的日本人必須採取高壓手段。因此，以白加士為中心的雜誌 *Japan Gazette* 跟大隈重信創立的 *Tokyo Times* 雖然同為當代英文報章，對於時事卻有着不同的看法。這一點還有有力人物提供證據，這位就是伴隨大隈重信與軒尼詩在北海道做翻譯、職位為外務省書記官的林董。林董憶述白加士跟軒尼詩就留日期間的外交禮儀有過磨擦：白加士不滿以官方總督歡迎儀式去迎接私人身份來旅遊的軒尼詩；軒尼詩心底也明白兩人看法不同，迴避與白加士見面。

井上馨專程陪同軒尼詩到訪的大阪造幣局今天還在大阪府北區，每年櫻花盛放的季節吸引無數西洋人、日本人、香港人到訪。1866年銅鑼灣的香港鑄幣廠經營不善，在兩年之內因虧損而倒閉，土地賣給怡和洋行，40萬元購入的機器最後以六萬元賣給明治政府。當年在香港造幣局的負責人——來自英國的 Thomas William Kinder 及來自葡萄牙的 Braga Vinete Emilio 及其團隊亦被日本政府高價聘請前往當地指導鑄造硬幣的工業。今時今日走入大阪造幣局，還會看到工場歷史簡介提到英國殖民地年代的香港。現時日本的貨幣使用「円」做單位，其中一個原因就是香港以前使用「圓」，而「円」在日語裏面其實就是圓形的「圓」的意思。明治政府在大阪造幣局嶄新設備的輔助下重整貨幣政策，向海外推廣日本銀圓，說起上來也跟香港有深厚的淵源。

香港總督軒尼詩對於領事安藤太郎、大隈重信、井上馨使用日本銀圓作為香港法定貨幣之事雖然持正面態度，但認可與否最

終由英國本土政府決定。英國政府拖延許久後，終於在1880年否決以日本銀圓作為香港法定貨幣。安藤太郎大失所望之餘，傳遞消息的軒尼詩亦因為沒有促成此事而感到遺憾。當時英國本土政府不同意的理由，據說當時香港的殖民地政府也不清楚。後來到了1892年，也就是香世子離世的年份，採用日本銀圓作為法定貨幣的問題再次被提出，但依然以失敗告終。當時第三任香港上海銀行負責人傑克遜（Sir Thomas Jackson）對於英國為何拒絕也不能作出明確答覆，但估計這是英國政府基於自身利益考慮的結果。然而，計劃雖以失敗告終，但實際上當時各種面額的日本銀圓都已在香港流通，廣泛使用。

從香港運到大阪造幣局的機器

03

本田政太郎

三菱郵船進駐維多利亞港

第八任香港總督軒尼詩於 1879 年以非官方身份訪問日本到處遊玩，除了透過大隈重信與井上馨的帶領參觀了現代化的重要地段，還會見了日本當時重要的商貿人物，其中一位就是三菱商會的創辦人 —— 岩崎彌太郎。在軒尼詩到訪日本之後幾個月的 10 月 12 日，2,032 噸位的新潟丸駛入香港。這是歷史上首次有日本的商船到達香港。岩崎彌太郎在大河劇《龍馬傳》的戲份僅次於主角坂本龍馬，要是有看過這套大河劇中的經典名作，不可能忘記飾演男主角坂本龍馬的竹野內豐，相信同時也必定會記得飾演岩崎彌太郎的香川照之。這位來自明治維新四大強藩「薩長土肥」中的土佐，也就是今日四國高知縣坂本龍馬故鄉的人物，亦曾經跟明治政府合作，在 19 世紀 70 年代的香港拓展業務，派員促進香港及日本的航運事業。今次的主角本田政太郎是岩崎彌太郎的手下，他的墳墓經過 150 年，至今還在香港跑馬地墳場，見證三菱會社在香港扎根成長，以及百多年來來自日本及世界各地的商船熙來攘往。

1875 年，三菱商船揚帆出港駛入上海。1879 年，日本的船隻也慢慢來到香港，10 月 9 日汽船新潟丸作為香港航線第一艘船進入香港，是日本船定期進入香港的開始。不過在入港之前，香港分店就已經開設，雖然相關紀錄已經遺失，但推測是在同一年夏天。新潟丸入港後，隅田丸也來到香港。在往後日本與香港兩地往來中，將經常出現這些日本船隻的名字。

時為 1879 年 10 月 13 日，新潟丸上。

富國強兵後的日本終於有商船駛入作為英國殖民地的香港，成功發展此航線的三菱會社正值事業高峰，船上午餐會的參與者

上海航路開設時の三菱の『東京日日新聞』広告
（日本郵船『我社各航路ノ沿革』より）

三菱商會郵船

皆興高采烈。這次盛會由當時駐香港的日本領事安藤太郎策劃，岩崎彌太郎亦忙着向井上馨送上捷報，畢竟香港航線通行乃舉國期待之事。這次午餐會的邀請函合共發出了百餘份，以香港總督軒尼詩為首，還有逾 70 位來賓出席，宴會上觥籌交錯，氣氛極好。下午 12 時 30 分，小型汽船艇把 70 多位客人接送到郵船新潟丸上。船長以主人身份祝賀英女皇生辰，軒尼詩總督答謝，並祝賀日本天皇及皇后萬壽。及後由日本人員向各國君主祝壽。英國海軍陸軍及其他國家的使節在船上的演講在 11 月 15 日日本的報章中有詳細披露，這是日本駐香港領事館設立以來空前的盛況。

對於本田政次郎，歷史上留下的資料並不多，但我們知道他曾經在用度局擔任事務長一職。三菱經濟研究所有一張 1877 年三菱幹部的照片，本田政次郎梳着中間分界髮型，唇上蓄有明治年間男人都喜愛的小鬍子，穿着正式的西裝，對比其他穿着傳統和服禮裝的幹部，外觀甚為洋化。他的專長是資源材料調配，赴任香港是他人生首次的海外工作。新潟丸安全抵達香港，連日來

辛勞不已，總算可鬆一口氣，然而被大量外國人包圍的日子才剛剛開始。安藤領事是早期日本領事館中相當能幹的人才，他深深體會到隻身一人到外國赴任的辛勞與不安，在三菱會社香港分公司成立後不久，便向岩崎彌太郎的弟弟——岩崎彌之助送信，要把本田政次郎的家人都送過來香港。不知道本田一家人最終是否能夠團聚，但即使來到了，團聚的日子也很短暫。這是因為本田政次郎在新潟丸抵達香港之後一年的 1880 年 11 月 12 日因病離世，死因是當時極為難醫治的肺結核病，享年 35 歲。墓碑上刻着 12 月 2 日，有可能是下葬日期。本田政次郎客死他鄉之後半年，同為日本人的職員村上秀士亦不幸離世化為黃土。根據早年居港日人的文字紀錄，墓碑上曾以英文寫着 1881 年 6 月 8 日死亡，死時只有 21 歲零八個月。可是由於歲月洗禮，文字現在已經看不清楚了。本田政次郎的墓碑右側，安葬的就是他人生最初也是最後一次出國遠征的的同事——村上秀士。

跟香港及三菱會社有淵源的還有另一位名人——1874 年在香港創辦《循環日報》的清末思想家王韜，他於 1879 年亦曾到日本考察，行程記錄在《扶桑遊記》之中。光緒五年（1879）三月初九，他乘搭三菱會社的玄海丸，從上海前往神戶。據《橫濱每日新聞》報導，停泊的港口為神戶、下關、長崎、上海。

本田政太郎過身後幾年的 1884 年 4 月 28 日，日本駐香港領事館收到來自三菱會社的信件。信件先感謝領事館在香港航路開拓方面的幫助，但是亦一針見血指出在五年之間，英國、法國、美國的輪船每個月於同一航路的貨物、客運生意額都超過三菱會社幾倍。要是日本和香港之間的航路繼續運作，恐怕只會造成惡性競爭，兩敗俱傷。所以，1884 年 5 月 10 日由神戶出發的熊本丸，就是三菱會社最後一次行駛香港至日本的航路。1885年，日本的三菱會社亦跟競爭對手合併了。

　　本田政太郎的「老細」──三菱商會創辦人岩崎彌太郎可不
是「腦細」，這位商業奇才的起家故事相當傳奇。他本來在自己
的鄉下土佐開設貿易公司九十九商會，後來得到新政府的信任改
名郵便汽船三菱會社，繼上海航線後發展香港的航線。故事的背
景是這樣的：日本開國之初，國內無論是西洋帆船還是蒸氣船
都急速增加，1867 年已達 138 艘。1859 年 P&O（Peninsular and
Oriental Steam Navigation Company）開設上海─長崎航線，後
來伸延到橫濱；1865 年 Compagnie des Messageries Maritimes 亦
開始了上海─橫濱的航線。到了 1870 年，美國的 Pacific Mail
Steamship Company 更開設了橫濱─神戶─長崎─上海的航
線，比起 1867 年三藩市─橫濱─香港航線更着重日本國內
的連繫。於是在 1875 年，日本委託三菱商會開設上海航線，

郵便汽船三菱會社工廠

本田政太郎（後排左二）與三菱創辦人
岩崎彌太郎（前排左二）

與 PM 公司展開橫濱—神戶—下關—長崎—上海航線的激烈
鬥爭。當時使用的船隻是東京丸（ex-New York, 2,217gt, 1864-
1886）、新潟丸（ex-Erie, Behar, 1,910gt, 1855-1897）、金川丸（ex-
Madras, 1,185gt, 1852-1896）、高砂丸（ex-Delta, 1,618gt, 1860-
1906）。隨着日本郵便的發展，三菱商會還負責輸送郵件及貨物。
到了 1875 年 9 月 18 日，三菱商會改名為郵便汽船三菱會社，
並且接受日本政府解散的日本國郵便蒸氣船會社的船隻，成為全
國最大的船公司。

　　與三菱競爭失敗後被解散的日本國郵便蒸氣船會社，後來在西
南戰爭用政府的錢再買入八艘船。在日本政府協助下，跟美國及英
國的公司競爭上海航線成功。但他們在 1882 年再次陷入競爭，最
後兩間公司皆見赤字。1885 年 9 月，兩間公司合併，設立日本郵
船會社。

　　有硬件，自然需要軟件。日本踏上航運之路，購入西方船
隻，亦開始了對相關技術人員的培訓。1870 年代之前，優秀的
日本人船員非常少，高級船員多數會僱用英國、德國或瑞典人。
日本人高級船員的信用極為低，外國的保險公司甚至對日本人船

岩崎彌太郎

長運行的船隻沒有信心，不提供保險服務。這並不是單純的種族
歧視，而是熟悉西洋的操作船隻技術的日本人船員數量實在太
少，無法得到信任。

　　在這裏就可以看出明治政府和三菱會社了不起的地方。
為了提升日本船員的質素，1875 年 11 月成立了三菱商船學校
（Mitsubishi Nautical School）。使用的教科書直接翻譯自英國海
軍的教材。學校後來改名東京商船大學，也就是今日東京海洋大
學的前身。到了 1920 年，高級船員終於不再是外國人，日本也
培養了大批專屬的人才。

　　另外不得不提的是，1876 年由於上海航線的成功，為了獎
勵員工們的努力，岩崎彌太郎不分職位資格，一律給予員工約一
個月的獎金。這是明治年代以來日本的近代私營公司組織第一次
給予員工花紅的紀錄。這可是相當值得記下的一筆呢。

04

堀井彌三郎

最懂賺錢的日森洋行

❀ 一

日本最大的湖泊是位於滋賀縣的琵琶湖，這裏曾經有一位帶着夢想千里迢迢前來香港的日系商社工作，最後葬身海外無法落葉歸根的男子 —— 堀井彌三郎。

相比旁邊的小墓碑，堀井彌三郎的墳墓相當有氣派，而且還寫上法號「寶船英徹信士」 —— 寶船是對墓主人的讚美。老家是日本最大湖泊、後來乘搭郵船遠渡來港工作，堀井彌三郎的人生跟船結下不解之緣。墓碑除了刻上死者堀井彌三郎於 1904 年 6 月 20 日因傷寒亡故、享年 25 歲之外，還刻有日森洋行以及立碑人日下部平次郎（くさかべへいじろう）和安宅彌吉（あたかやきち）的名字。這兩位讓堀井彌三郎入土為安的人，正正是他生前的老闆 —— 不過說「兩位」也不對，因為其實早在 1899年，日下部平次郎經已過身。

日下部平次郎出生於 1852 年，京都府園部人。1868 年，他成為大阪府某商家的丁稚[1]，後來開辦了日下部商店。1870 年他立志要挑戰海外貿易，於是前往香港。往後幾年，他一直在香港和大阪之間往返，直至 1872 年他成功在香港成立日森洋行，並以日洋貿易之名輸出入各種商品。除了跟清國進行貿易，還在印度輸入棉布、綿線，從台灣、爪哇、馬尼拉輸入砂糖、白米、木材，亦有在越南輸入棉花。有資料顯示，日下部平次郎在香港也曾經從事玻璃的貿易。根據先前篇章中三井物產創辦人益田孝的記載，他在橫濱工作時留意到雖然商人有較多跟外國人接觸的機會，但畢生穿着和服而不願意改穿西式服裝、不會說外國語言的

1　日本商人培訓的接班人，如果是工匠培訓的則稱徒弟。

商人依然佔了大部分。在經商方面，他們主要透過在日本的外國商館與外國貿易。益田孝本人就曾見到由於不諳英語被欺凌痛哭的日本商人。相比起這些傳統和保守的商人，難怪選擇直接與海外合作的日下部平次郎總是被稱為關西貿易商人中的先驅者。

日下部平次郎在 1899 年撒手人寰後幾十年，於 1935 年開始的大阪商工祭追封他為大阪府商貿的先驅，以示對這位從大阪起家的貿易商的尊敬。直至今時今日，京都府南丹市還保存了日下部平次郎的生平紀錄。但即使在 1904 年的《香港年鑑》日森洋行負責人紀錄中，日下部平次郎的名稱後面依然跟着「大阪府」，身份則是海上保險服務及砂糖商人。至於確實位置方面，根據老香港座談會第二回上野津記者的速記，日下部商店最初在銀行附近的老樓房，位置是皇后大道 9 號。

另一位立碑者安宅彌吉，最初是日下部平次郎位於大阪的商店的員工，後來成為共同經營者。出生於 1873 年 4 月 25 日石川縣金澤市金石町的安宅彌吉，父親是藥物商人，他是家中的三男。他最初在石川縣專門學校完成初中課程，然後在由加賀前田藩校明倫堂改建而成的啟明學校讀書。這間學校後來又改稱石川縣專門學校。1895 年 7 月，他在東京高等商業學校（今一橋大學）畢業。在學期間，他住在附近的久徵館，認識到在帝國大學（今東京大學）讀書的思想家鈴木大拙，兩人畢生的友誼從這裏展開。安宅彌吉就讀的高等商業學校在今日日本社會是個普通的名詞，但這原本卻是指特定的一所學校。16 歲的安宅彌吉其實早就以成為商人為目標，他曾經讀過錢屋五兵衛的傳記，表示要跟他一樣建功立業。在東京高等商業學校畢業後，雖然很希望加入三井物產工作，但事與願違，只成為日本海陸保險株式會社的職員。工作才展開三個月，安宅彌吉便決定以貿易商人為目標，於同年 10 月來到大阪日下部商店。日下部平次郎賞識

這位年青人，讓他成為香港分店
的負責人。香港分店的名稱叫日
森洋行。最初主要做輸入白米的
生意，後來還經營木材、砂糖、
鉛、石炭、棉花、帆布、顏料等
雜貨的輸出。在安宅彌吉的率領
下，日森洋行跟糖商黃仲函合作
開拓爪哇島的砂糖貿易路線，令
日森洋行漸漸在市場上建立聲望。

安宅彌吉

　　堀井彌三郎於 1904 年 6 月 20
日亡故時，開荒牛日下部平次郎
早已離世了，女婿日下部林藏成為第二代店主。安宅彌吉本來功
成身退回到日本，其後在先主友人松本重太郎建議下，成為日森
洋行合夥人。隨着日俄戰爭悲觀的社會輿論造成股價暴跌，大
阪的日下部商店也跟生意夥伴松本重太郎經營的百三十銀行與
松本商店一樣結業了。再加上 1908 年的辰丸事件及 1919 年的
日糖事件，香港的分行到了後期也不能繼續經營下去 —— 然而
這並不是直接結業，而是在 1913 年 5 月轉讓到鈴木商店旗下。
根據 1904 年日森洋行在香港政府的紀錄中，登記人名字依然是
日下部，接着便是安宅彌吉跟堀井彌三郎，此外還有 H. Nakaji、
K. Nomura、S. Misaki 三位員工的名字。其他員工是留在香港還
是回到日本，目前尚未有足夠的資料。不過根據安宅商會設立於
7 月的紀錄，可以推測這是在香港處理完同事的殮葬後才回到日
本創立的公司。創業之始，安宅彌吉除了自己在香港開拓日森洋
行的砂糖貿易之外，並沒有只着眼原本日本日下部商店及香港日
森洋行的固有客戶，反而積極開創新的商機，處理好日下部商店
的事情後，還一直援助早逝店主留下來的家人遺屬。

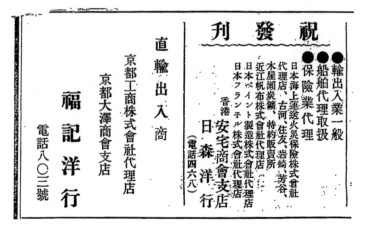

在香港報紙上的安宅商會廣告

　　跟三井物產的福原榮太郎相同，安宅彌吉在香港居住九年間也留有子嗣。他的長子於20世紀的第一天、1901年1月1日出生於英國殖民地香港，因而取名英一。安宅英一後來也加入安宅商會（後來改名安宅產業）工作，不過這位在殖民地出生的孩子對美術音樂有強烈興趣，相比起商業活動，他在文藝方面的成就更為著名。熱愛音樂藝術的香港人也許對安宅英一這個名字略有所聞，因為在大阪中之島的大阪市立東洋陶磁美術館就有安宅珍藏系列展出。1938年，他還為東京藝術大學前身的東京音樂學校設立安宅助學基金，幫助日本對聲樂有抱負的年青人。

　　香港日森洋行在1913年轉手予鈴木商店，但是合夥人安宅彌吉活用當年在香港積累的貿易經驗，成功在大阪創立安宅商會，也算是日森洋行和日下部商店的延續。安宅商會後來發展成為安宅產業，安宅一族在安宅彌吉個人膽識及努力下總算開花結

大阪市立東洋陶磁美術館（圖片由陳子健先生提供）

果。橫山源之助在《明治富豪史》裏面是這麼說的：「在繁榮的香港，我國的商人的臉孔真的很少。首先有三井物產會社分公司，接着有大阪高麗橋安宅商會為總公司的日森洋行。這間洋行是明治五六年之際承繼在香港貿易的日下部某的店舖的安宅彌吉……他來自高等商業學校，正值壯年」。

❀ 二

日本在明治維新期間崇尚西方思潮，脫亞入歐似乎是社會的一致追求。但好像日下部商店這些不屬於日本政府支援的大型會

社，能夠前往外國闖一片天是相當罕見的；至於安宅彌吉選擇脫離相對大型的企業，跑到小商店並且毅然遠赴香港，在當時橫濱、大阪的日本商人中更是鳳毛麟角。

上面提到三井物產會長益田孝曾經在自傳當中提到，「橫濱的商人既不學習英文，穿的也是和服」。經營紡織業得到巨大財富的商人原富太郎熱愛美術品，他本人就是其中一位只穿和裝的代表人物。因此後來以商法講習所為首的學校尤其着重外國語人才的培育。東京外國語學校在 1884 年就有俄羅斯語、漢語、朝鮮語的課程。由於 20 世紀初期香港政府的英文文件當中有日森洋行的紀錄，可見日森洋行當時已是有規模的商店，再加上能夠跟本地人和其他外國人做生意，安宅彌吉大約也會外語吧。

明治時期日本海外貿易的貨品當中，有一樣叫做香港車糖。這是用機器製造的糖，香港是其重要的貿易地。1869 年開始，通過香港，歐洲的砂糖已經輸入到神戶，當中最主要的正是怡和洋行及太古洋行。怡和洋行的砂糖最早在大阪市場出現，大約是 1874-1875 年間，合作的對象是神戶的鈴木岩次郎及大阪的藤田助七。安宅彌吉在香港透過與其他國家進出口砂糖，增加對國際貿易的認知，為未來回到日本之後建立安宅商會打下基礎。

這間新晉商店雖然在香港汲取了多年經驗，但還是被兩件事動搖了根本，分別是辰丸事件及日糖事件。後者更直接動搖了日森洋行的根基，差點就要拱手相讓予當時有意在香港開設分店的鈴木商店旗下。雖然最後日本的安宅商會還能勉強撐住，但香港日森洋行實在沒法支持下去，只能結業了。

當時大阪、神戶皆從事砂糖進口貿易，日下部與安宅抓緊良機，擴大砂糖生意規模，除了調查市場概況，他們也充當買手。例如 1895 年就有日森洋行在買賣中賺取 1.2% 利潤的紀錄。六年之後，日森洋行看準了爪哇糖的商機，決意專程到爪哇島拜訪

當時最大的糖商黃仲函，連對方從新加坡搭船到香港時都執意同行，以求取得合作的機會，終於在黃仲函前往美國期間經過日本展開的會議上成功取得機會。爪哇糖以往的合作夥伴都是德國、英國的大公司，日森洋行因此一躍成為新星。當時神戶入口的外國高級砂糖之中，A.C. 品牌為人稱頌，這 A.C. 便是日森洋行，也就是安宅商會的品牌縮寫。今時今日香港人前往神戶，多喜愛其洋風滿溢，卻不知百多年前這裏用的砂糖，不是經由香港的英國商會如太古、怡和，就是經由香港的日本商會日森輸入。

商機背後卻隱藏着危機。日俄戰爭後業績持續低迷，大日本製糖為了阻止砂糖消費稅增徵法案，以及讓政府收購會社，以此隱瞞會社虧空破產之事，竟向數名日本眾議院議員行賄。最後造假一事在 1909 年 1 月被報紙揭發，股票大跌，社長與董事引咎辭職。當時跟大日本製糖有合作夥伴關係的安宅商會手上的期票不能兌現，再加上對台灣米的投資失利，公司面臨生死存亡的危機。當時有關事件的債權人會議當中，除了規模龐大的三井物產跟鈴木商店，安宅商會亦以小規模企業並列其中。雖然最初會議上各企業針鋒相對，最後安宅彌吉總算為公司爭取到從橫濱正金銀行優先得到利息並發還七萬日圓的本金，保住一命。

1913 年 5 月，安宅彌吉把香港及大連的日森洋行，包括設備與債務拱手相讓予鈴木商店，從此再次把專注力放回大阪本社。

05

照峰廣吉

革命軍軍火羅生門

隨着海面上的汽船越來越多，歐亞之間的貿易也越來越昌隆。無論是前面講過的三井物產會社、三菱會社或安宅商會都在市場上分一杯羹，創造了亞洲的航海貿易時代。除了紡織品、飾品、棉花、砂糖、石炭等雜貨之外，亞洲海域亦逐漸興起另一種商貿，在 1908 年掀起外交風波，並且直接引來近代歷史上第一次排斥日本貨品的風潮。

香港日本人墳場裏有一個 1908 年 3 月建立的墳墓，特徵是有兩個花瓶。墳墓的主人名叫照峰廣吉，籍貫是兵庫縣，享年 33 歲，死因是風土病。他的名字雖然在日本、中國歷史，甚至是澳門歷史上都沒有留下詳細資料。但是，如果說船長跟船本來就是連體嬰的關係，那麼照峰廣吉的來頭還是相當大的，皆因他生前最後駕駛的汽船——第二辰丸在三地歷史中永遠留名。

1908 年 2 月 8 日，《東京朝日新聞》有以下的報導：「根據香港當地的報導，昨日下午有一艘日本汽船為孫逸仙佈下的革命黨運送武器，上陸之際在澳門瑞光附近被發現拘捕」，標題為「日本汽船武器秘密輸出」，資料來源顯示為上海特派員工「本社支那特電」。換句話說，這是在上海發出的新聞，來源是香港。香港的媒體把第二辰丸拘留事件直接地跟孫中山及其革命黨人扯上關係了。

照峰廣吉出生於 1876 年，關西兵庫縣人，日俄戰爭期間曾擔任羽後丸的船長。戰爭完結後，他加入家鄉兵庫縣西宮市的辰馬商會，職業為船長。明治年間，關東地區最大的港口為橫濱，關西地區是神戶，至於九州則是長崎。在神戶啟航的第二辰丸當時載有安宅商會（香港分公司名稱為日森洋行）及日清貿易商會

的貨品，當中包括石炭、海產、1,500枝中古槍械及40,000發彈藥，汽船最終目的地是香港。這批武器的來源是日本的陸軍兵工廠退役用品，葡萄牙殖民地澳門的槍械彈藥商人——廣和號的譚壁理向安宅商會下單購買後，安宅商會即跟神戶的槍械商粟谷商會入貨轉售圖利。1911年孫中山推翻滿清政府建立中華民國的辛亥革命，與當時的日本有各種千絲萬縷的關係。其中一樣就是無論清政府還是革命軍，都有使用日本提供的武器。在現代社會，各種廢棄的武器能夠如此自由貿易似乎難以想像，但在百多年前對設立才不過短短數年的安宅商會而言，這不過是眾多貿易項目之一而已。只不過，在大時代裏的小人物，其命運總是不由自主，照峰廣吉從神戶出航之際大約沒想過這是他人生最後一次看見家鄉海岸的景色。

1908年2月5日，照峰廣吉的第二辰丸來到澳門附近。正在海上等待期間，突然有四艘隸屬清政府的廣東砲艦出現，聲稱第二辰丸在清國海域上落武器，涉嫌走私軍火槍械，於是把第二辰丸上的貨品以及一干人拘捕押留。本來根據以往慣例，事件只屬於地區層面，兩廣總督可以直接處理，可是經歷明治維新之後，日本認為這些事情應該由兩國的外交部直接溝通，於是事件一躍成為國家級的外交風波。

2月8日，《東京朝日新聞》表示根據澳門當地的報章引述，葡萄牙籍的律師提出武器輸入已經得到澳門政府的許可，絕非提供給革命黨使用。但更值得注目的是，同一日報章中香港的日本大使館卻發出「對此事件沒有干涉權利」的聲明，令事件更加撲朔迷離。清政府堅信第二辰丸把武器運到澳門的目的，是為了支援以孫中山為首的革命黨人進行推翻清政府的革命活動，葡萄牙及日本方面卻再三否認。除此之外，根據2月10日《東京朝日新聞》的跟進報導，一等艙裏面四位乘客表示清軍炮艦要把第二

辰丸強行送到廣東時，由於照峰廣吉船長堅決拒絕，所以炮艦的
人任意妄為地把日章旗拆下，換上了代表大清的黃龍旗，並強行
發動機器，迫使船隻抵達黃埔。不過船長一直對日章旗被切換成
大清的旗幟非常不滿。根據日本外交部的聲明，武器的輸出得到
神戶海關的許可，亦有神戶水上警察的許可證，再加上神戶海港
內火藥上船的證明，理論上貨品進出口應當履行的手續都已完
成，船長應該持有所有相關文件。

　　到了 2 月 18 日，《東京朝日新聞》刊登了照峰廣吉船長的
書信。船長回憶 2 月 5 日的情景：「到達澳門並停泊在離岸的水
域後，安宅商會（貨主）的店員乘搭小蒸氣船來到第二辰丸附
近，突然清國的炮艦出現，總共有四隻圍繞着本船，但最終也只
有安宅店員上船」。因此，安宅店員為了搬運販售給澳門的貨物
前來點算及提貨，似乎也是事實。日本政府表示第二辰丸在離開
神戶之時，遵從正當的海關手續出境，要求清政府即時釋放及作
出賠償。另一方面，在照峰廣吉船長尚未仙遊的 3 月 9 日，香
港的商人亦曾召開會議，建議清政府以強硬態度處理辰丸問題，
對日本輸入品加強檢查，以及停止招募各種日籍老師。廣東省則
於同日發起市民反對辰丸釋放大會，又發電報給北京要求公平判
決。雙方膠着一段時間，直至 3 月 15 日事件總算平息下來，清
政府向日本謝罪，照峰廣吉連人帶船被拘留約 40 多天後獲得釋
放，貨品方面日本以 2,100 日圓全數轉售給清政府。

　　可是，大概是舟車勞頓再加上水土不服種種原因，照峰廣吉
船長在 42 日拘留期間得了急性肺炎，最終在 3 月 20 日撒手人
寰，下葬於香港跑馬地日本人墳場。照峰廣吉離世後，得到陸軍
省頒發追風勳章。

　　然而第二辰丸事件的問題還沒完結。清政府謝罪解決事件引
起公憤，激發廣東地區及香港第一次杯葛日本行動，日本損失高

達 400 萬日圓貿易額。《東京朝日新聞》曾對廣東和香港兩地報章有關杯葛行動的新聞報導次數作統計：2 月 22 次、3 月 14 次、4 月 43 次、5 月 14 次、6 月 1 次、7 月 2 次、8 月 5 次、9 月 3 次、10 月 1 次、11 月 17 次、12 月 8 次，總計 130 次新聞報導。在內政方面，民眾痛恨清政府對日本俯首聽命行事，要求負責的廣東總督辭職，更把辰丸釋放之日定為「國恥之日」。今時大家普遍認知第一次世界大戰的排日運動，其實並非最創先的運動了。

❀ 二

站在日方的角度了解完第二辰丸事件後，若果用中文去閱讀事情，又會是另一個「故事」：1908 年 2 月 15 日，日本駐清國公使照會外務部，表示第二辰丸抵達澳門外海，因風大浪高暫時停泊，對於停泊的位置有非常詳細的紀錄──東經 113 度 38 分 20 秒、北緯 22 度 9 分 45 秒。當日下午突然有四艘廣東炮艦駛近，告知船隻不得停留清國領海後即離去。隔日上午炮艦再臨，聲明奉廣東總督張人駿的命令強行押離船隻。他們不但未有聽取船長解釋，更擅自撤下船尾懸掛的日本國旗，改換大清國旗。其後更私闖船艙和機房，全程行徑粗鄙野蠻。日方隨後質疑船隻下錨處是否屬於清國領海範圍，但同時表示「待測量」。其實即使屬於清領海域，第二辰丸仍可合法停泊躲避風浪而不應被強行拘留。船長聲稱未在中國領海卸貨，且貨物當中的武器已獲日本及澳門雙方官員許可，並非清政府指控的走私行為。清政府隨即駁斥日本提供的資訊，例如堅持武器是提供給澳門的商人之

後再轉交革命軍，以及船長的確有在清國海域內卸貨等等，並指當時船長自知理虧欲以行賄解決，卻遭清國水師拒絕，此事有水師及海關人員作證。另外，外務部以北京離廣東甚遠，無法得知事情原委，尋求張人駿即與日本駐廣州領事瀨川淺之進從速解決，不適宜令地方涉外事件升級至外交衝突。至於事件中另一個主角——葡萄牙，亦透過大使柏德羅發聲了。他在 2 月 18 日照會清政府，表示第二辰丸事件是日本與葡萄牙商人之間的貿易，船隻被緝拿有損葡萄牙國家主權，阻礙澳門商業發展。從以上文字得知，清政府與日方對於事件發展的描述雖然大方向一致，但關鍵的細節位卻沒有共同看法。例如第二辰丸當時停泊的位置到底是公海？葡萄牙領海？還是清國的領海？日方提出的位置是否準確？接着是有關船長照峰廣吉的供詞，到底是否又發生船長認罪、承認走私、承認卸貨或企圖賄賂清國水師之事？在目前沒有更多資料佐證之下，這些都成為了歷史懸案。

清政府為什麼對第二辰丸運送武器到澳門如驚弓之鳥，實質跟當時的社會及政治背景有直接關係。1911 年辛亥革命成功推翻清政府之前，各地爆發的革命運動與當時的日本有千絲萬縷的關係。其中一樣最弔詭的便是無論是清政府還是革命軍，都有向日本購買武器軍械的紀錄。前一篇的主角、在香港日森洋行累積多年經驗後在日本創立安宅商會的安宅彌吉便是從事武器買賣的商人之一。第二辰丸事件發生在安宅商會創立後第五年，對於剛剛成立不久的商會來說是相當致命的一擊，不過基於最後清政府妥協，總算渡過此難關。

要數推翻清政府最重要的組織，必定是 1894 年孫文成立的興中會。次年 3 月，孫文向廣東省總領事中川恒次郎要求資助25,000 支火槍。當時正值甲午戰爭，日本與清政府開始講和交涉，因此日本政府並未實現孫文的願望。這一次被認為是孫文

最初向日本要求的軍事援助。1895 年 10 月計劃的廣州起義失敗後，孫文迅速逃亡日本。這是孫文首次前往日本。之後他屢次往返兩地，斷斷續續在日本逗留約十年有多。1900 年春天，孫文再次計劃惠州武力起義，於是向日本政府請求支援 10,000 支槍及 10 座炮台。然而害怕歐洲諸國干涉的總理大臣伊藤博文拒絕其請求，最後惠州的起義同樣以失敗告終。

為什麼孫文不前往夏威夷投靠兄長，卻亡命日本？相信很大機會是出於對長崎縣出身的居港日籍實業家梅屋庄吉的信任。梅屋庄吉是日本電影公司日活的創辦人之一，曾經在皇后大道中 8A 經營梅屋寫真館。梅屋庄吉在日記裏曾經記錄 1895 年 3 月 13 日兩人見面的事情，並提到為兩人穿針引線的是一位英國醫生，他同時是孫文的恩師。孫文前往寫真館探訪梅屋庄吉，從此成為知己。據稱當時孫文把自己的計劃向梅屋庄吉透露後，對方給予熱烈的支持：「你若舉兵，我必以財力支持」。當時梅屋庄吉 27 歲，孫文 29 歲。至於兩位英雄豪傑會面的寫真館，早就不能在中上環的孫中山史蹟徑看到。根據日本外務省通商局及《支那在留邦人人名錄》記載，1925 年梅屋寫真館搬到 38-40 號，至 1930 年便結業了。

在第二辰丸事件之前，由於華南各地已發生了六次連續的革命勢力武裝起義，因此在 1908 年 2 月，裝滿武器的第二辰丸觸碰了清政府的神經，釀成兩國衝突。近代有評論指出，以往清政府的做法是地方發生的事都由地方官員直接處理，可是日本經歷明治維新之後，認為凡事都應該由國家外交部承擔責任去解決，因而發生在澳門對出海域的事件，便迅速升級成為兩國衝突的局面。可是，在 3 月 15 日清政府作出道歉之後，船長亦在幾天之後因傷寒離世，第二辰丸事件的歷史真相頓成羅生門，雙方各執己見不在話下，最重要的證人照峰廣吉也死無對證了。

06

廣田耕吉、中園修吾

駐紮香江支援明治金融變革

1900 年 7 月 30 日，29 歲的廣田耕吉在香港咽下最後一口氣。

這位來自石川縣、1896 年千里迢迢來到香港橫濱正金銀行工作的年青人，在去世前不久才剛剛升職成為香港分社的副店長，前途無可限量。

19 世紀中葉的香港早就脫離原本的小漁港形象，以英國殖民地的身份漸漸亮相於國際舞台。除了港闊水深的維多利亞港因為是天然良好港口，成為日本人前往歐洲的其中一個中途站，其他直接前來此地拓展貿易業務的日本人亦開始增加。廣田耕吉就是在這樣的背景下來到香港，受僱於橫濱正金銀行香港分店。

歐亞之間有貿易發展自然需要銀行配套，懂得做生意的英國人自不會放棄亞洲市場。1866 年，香港上海銀行在日本神奈川縣的重要港口——橫濱開辦了第一間分店。1870 年，第二間分店在照峰廣吉及第二辰丸的家鄉兵庫縣開業。兩年之後大阪也開了分公司，這正正是安宅彌吉創立安宅商會之地。到了 1892 年，終於開設到長崎縣。今天，香港上海銀行長崎縣分店依然屹立，見證着 130 年的歷史。除了香港上海銀行在日本拓展業務之外，渣打銀行等其他國家的銀行也在日本分一杯羹。為了令日本的銀行業務不讓外國專美，橫濱正金銀行這間有着特殊地位、得到政府全力支援的銀行遂於明治維新時期誕生，肩負着支持日本國內外經濟發展的重擔，逐漸發展海外市場，而香港就是橫濱正金銀行其中一個開拓地。

1868 年開始的明治維新現代化驅使日本銀行及金融體制發展，使日本有足夠的理據與西方列強平起平坐，避免受威迫簽署

不平等條約的厄運再次降臨。再加上陸續開放的港口及日益發展的海外貿易，擁有不輸給西方的完善外匯及銀行制度才能保障日本能夠在公平的營商環境裏營利。可是即使到了明治年代，在1868年大米依然是平民繳交稅項的主要方式，與真正的現代化仍然有非常大的距離。明治政府需要穩健的制度去管理金、銀、銅幣，以及不同地方團體發行的各種貨幣。

雖然日本政府對於金本位政策表現出興趣，但由於缺乏黃金及其他種種原因，此政策還要經過幾年直到1897年才真正實施。日本第一間國家銀行——第一國立銀行，在1872年成立。到了1878年6月，東京證券交易所亦正式創辦。可是在這些現代化舉措的背後，依然有大量不可兌換的官方或非官方銀行與金融機構發行的紙幣在市面流通。專門處理外國貿易金融相關項目的橫濱正金銀行開辦於1880年2月，地點是東京旁邊的神奈川縣的橫濱。跟關西地區的堺及神戶一樣，橫濱也是外商林立的貿易都市，而且有充足的航運建設。橫濱正金銀行的英文縮寫"YSB"中的"S"除了是「正金」的日本語發音"Shōkin"之外，同樣也有"Specie"的意思。銀行最初的任務就是在日本本地及海外把貴金屬例如銀塊、金塊統合起來，並且充分掌握它們的流動，作為國家發行紙幣的基礎。

橫濱正金銀行以推廣日本金本位為目標，根據《華字日報》1895年9月3日的紀錄，橫濱正金銀行舊三藩市分店經理來到香港為開設香港分店作準備，香港分店最終於1896年9月中（一說15日，一說22日）正式開張。廣田耕吉就是因為這個緣故來到香港工作，上司是橫濱正金銀行前三藩市分店的經理鍋倉直。作為香港分店開荒牛的鍋倉直主任來頭不小，生於1854年的他本來是東京府士族，曾經去過歐洲遊歷並在1879年著書立說，作品名為《國立銀行簿記一斑》，銀行業的翹楚澀澤榮一

廣田耕吉、中園修吾

(Y241)　Yokohama Specie Bank, Yokohama Japan. 横濱正金銀行

横濱正金銀行

爐峰櫻語　戰前日本人物香港生活談

前列

山川　勇木

櫻井　恒次郎

木村　利右衛門（取締役配使）

原　馬　永胤（同支配人）

相馬　永胤（六百万圓之主）

鍋倉　浩直

池田　浩（八人おいて）

中列　（八人おいて）

大坪　文次

中井　芳

伊藤　鈴一

本間根　繁太

日原　昌東三

平尾　晋楠郎

豊間根　繁三

寺島　某

後列

大矢　武雄（八人おいて）

松尾　吉士

松尾　吉（八人おいて）

中村　綻太郎（二人おいて）

廣田耕吉的上司鍋倉直（前排左二），香港橫濱正金銀行分行開創者。

亦曾推介此書。這位鍋倉直在香港擔當開荒牛到 1897 年 11 月 1
日。除了銀行業界之外，鍋倉直於 1928 年亦曾經在日本酒造任
職，並一直活到 1941 年。他把長女榮子嫁給養子春彥，這位鍋
倉春彥後來亦任職於株式會社十五銀行；二女輝子的夫婿則任職
於商界，兩代由始至終都離不開銀行與商業。

　　在廣田耕吉墳墓的附近還有另一位橫濱正金銀行的員工中園
修吾。1906 年 6 月 18 日，27 歲的中園修吾因傳染病在香港的
醫院離世，埋葬於跑馬地香港日本人墳場。根據橫濱正金銀行的
紀錄，中園修吾離世前的 1906 年 5 月，香港分店已把資產轉移
到上海分店名下。大概中園修吾在閉上眼睛之前，還一直為了公
司業務忙得暈頭轉向吧。

　　要知道廣田耕吉、中園修吾或其他早期橫濱正金銀行香港分

行職員的努力成果,現時依然有數據可以追查。橫濱正金銀行香港店獨立經營,跟本地商人有往來之餘還要幫助日本政府把貿易使用的銀圓回收。雖然日本政府已經停止發行貿易使用的銀圓,但依然在亞洲大量流通,因此透過日常業務把銀圓回收,再把日本政府保存的銀圓出售,是初代職員的任務。據說在此之前,日本政府曾經發行貿易使用的銀圓,不論新舊總共三種,總額達 1 億 6 千萬日圓。回收過後用掉再造成銀塊賣卻,再利用所得收入購入黃金,就可以支持日本國內如火如荼的金本位政策。根據橫濱正金銀行公司歷史紀錄,1896 年總共有 50 萬美元價值的資金,三年後已經暴升到 239 萬美元。香港的橫濱正金銀行從日本銀行借入銀作為資金,在日常業務裏面化為黃金資金再收歸國庫。但是市場是很敏銳的,要是一次過大批進行交易,必定導致銀價下滑,金價高騰;無論銀還是黃金的貴金屬市場都必須同時監察,一面販賣銀圓,另一方面購入金塊,小心謹慎行事,避免造成過大的市場波幅。

在拙作《爐峰櫻語:戰前日本名人香港訪行錄》中,曾經提過 1898 年 1 月高橋是清剛剛接任橫濱正金銀行副總裁不久便計劃出訪歐洲。其實橫濱正金銀行早在 1884 年已經在倫敦設立分公司,此行目的除了視察銀行在海外的業務,亦要實地調查當地金融相關事宜。1898 年 2 月 14 日高橋是清從長崎出發前往上海,三日後抵達,由上海橫濱正金銀行負責人親迎,高橋是清並跟清國的實業家盛宣懷會面。3 月 10 日夜晚,高橋是清抵達香港,翌日清晨香港橫濱正金銀行分店的職員就接待他們前往酒店。這段期間正正就是廣田耕吉任職的日子,是次行程香港分店還安排了與華商見面的聚會。廣田耕吉過世後兩年,被稱為日本近代資本主義之父的澀澤榮一亦曾經到過香港的橫濱正金銀行:1902 年 12 月平安夜早上 7 時,澀澤榮一在乘搭郵船回日本途中

經過香港，於九龍碼頭泊岸。三井物產會社、日本郵船會社、橫濱正金銀行、東洋汽船會社、台灣銀行等代表紛紛來到船上迎接。也許，中園修吾也曾經跟他有過一面之緣呢。以上細節可參閱該書高橋是清及澀澤榮一兩節。

❀ 二

19 世紀末期，日漸增加的各國往來，令貨幣兌換的重要性與日俱增。在大部分情況下，墨西哥銀圓是當時在各條約規定開放的港口中最主要的貿易貨幣。日本政府原本打算以白銀為本位，可是當留意到其他歐洲列強特別是英國都傾向使用黃金時，終於發令採用金本位；但若果要數橫濱正金銀行拓展海外業務的契機，卻是跟 1894 年清國與日本之間發生的甲午戰爭有關。

1894 年的甲午戰爭，以日本大勝告終。中學的教科書會說「中國賠償日本軍費銀兩兩億」，但實際上遠遠不只這個數字。我們姑且勿論威海衛軍費賠償及其他軍備雜費，單是白花花的兩億銀兩如何從清國運往日本？還是應該使用相同價值的貨幣方便往來？這些問題在中學的教科書裏通通都沒有解答。京都大學經濟系的榮譽教授小野一一郎在 1964 年曾經對金本位發展與甲午戰爭的關係做過研究，正因為日本需要向清政府收取龐大的賠償金額，當時負責的松方正義就提出以黃金計算，首先計算清國的法定貨幣庫平銀的兌換率，然後直接收取同等價值的黃金。除此以外還有另一個方案，就是把銀兩兌換為英鎊。日本希望使用英鎊的原因還包括當時清政府為了賠款，向歐洲列強包括英國發起

國債，要是直接在歐洲收取款項會相對方便。其次，如果突然之間有大量銀両流動，會造成市場平衡失調，這並不是日本政府期望的事情。再加上銀両的運輸並不簡單，交通亦必定在考慮之列。最後使用庫平銀還牽涉一個極大的問題，就是成色是否符合要求。根據中國歷史教科書裏的講法，日方多次表示庫平銀成色欠佳，透過種種無賴的行為迫使清政府支付更多費用。可是這兩個方案都被否決了。而到了還本後期，世界金融市場上金價攀升，銀價下滑，最後還是有部分的款項需要以英鎊還清。這些經濟問題背後牽涉各種政治角力，然而普遍相信甲午戰爭的賠款就是日本金本位政策的其中一個催化劑。

建立金本位與其他國家看齊之外，另一個躋身列強之間的殺手鐧是幣制改革。澀澤榮一在香港期間除了參觀過監獄之外，亦到訪過當時位於銅鑼灣、只在 1866 年到 1868 年營運過兩年的香港鑄幣廠。工廠在 1864 年開始設計，1866 年落成。可是過了不久，由於經營不善而關門大吉，所以只有短短歷史的鑄幣廠就在歷史上消失了。到了 1869 年，日本明治政府計劃把「両」取消，並且積極籌備大阪造幣局以鑄造新的貨幣，最後跟香港銅鑼灣的鑄幣廠如同「餅印」一樣的大阪造幣局終於在 1871 年成立。

嚴格來說，香港結業的鑄幣廠其實就是今日大阪造幣局的前身。香港鑄幣廠由於經營不善結業後，透過蘇格蘭商人 Thomas Blake Glover 從中斡旋，其器械賣給了日本明治政府。人才方面，當年在香港鑄幣廠效力的葡萄牙人 Braga Vinete Emilio 及英國人 Thomas William Kinder 後來也到了日本工作，為當地的經濟發展出一分力。現在退役了的機器、職員們的日記等還存放在大阪造幣局，供世界各地遊客參觀懷緬。假如找來第一代日本的造幣局的建築藍圖，還會發現它跟香港的鑄幣廠建築藍圖非常相似。

一旦決定取消舊有的貨幣，明治政府就要着手處理新的貨幣名稱問題。在大阪造幣局的工場參觀體驗當中，導賞員就有特別提到今時今日日本的貨幣單位日圓的名稱其實也是來自香港。由於香港的貨幣上面都寫着「圓」，所以日本也就直接採用這個漢字，從此就有了我們現在一直使用的日圓了。至於讀音"yen"及現在普遍採用的「円」，前者是後者的讀音，後者則是「圓」的現代漢字，依然是圓形的意思，因此是相通的。

今時今日，香港人多稱呼日本為「鄉下」。每年在櫻花名所大阪造幣局除了可以看到大量香港人，還可以找尋英殖時代銅鑼灣的香港鑄幣廠的蹤影。櫻花花期只有四月份，但香港鑄幣廠的歷史巨輪卻是年終無休，當中展覽着世界各地奇形怪狀的貨幣，包括香港以前的有孔貨幣一文錢。從香港買入的造幣機械、香港鑄幣廠的第一任館長，以及他的團隊在日本工作時的文件、遺物都可以在這裏看到。難得在大阪找到19世紀香港的軌跡，大家又怎麼能不去拜訪一下呢？

今時今日我們仍能感受到19世紀末至20世紀初橫濱正金銀行的宏偉。雖然橫濱正金銀行在香港的總部早就淹沒在歷史的巨輪當中，但是它在中國內地其他城市例如北京、大連、瀋陽、青島、漢口等，卻依然擔當着銀行業務的重任，這些超過100年歷史的西洋建築既是歷史上的瑰寶，也是城市地標、金融中心，例如大連的建築物就成為中國銀行遼寧省的分行。

大阪造幣局舊址（今造幣博物館）

香港鑄幣廠

07

植月覺三、
松原治三郎

日式旅館東主葬身馬場火海

　　講到松原旅館四字，對日軍佔領香港時期有認識的香港人都會馬上說：「就是告羅士打酒店吧！日軍佔領期間改名松原酒店，梅蘭芳和蕭紅都曾住過」。

　　19 世紀香港海邊的中環有不遜於今日半島酒店的豪華酒店 —— 香港酒店，火災後酒店把北翼地段授予置地公司，置地就把北翼連同旁邊荷蘭銀行大廈地段於 1932 年改建成另一間高級英式建築酒店，有鐘樓，計有九層高，名叫告羅士打酒店。1935 年這間酒店遇到祝融光顧，還好沒有燒成灰。後來改名松原酒店，1945 年日本宣佈投降時還有報章拍攝得酒店門口有大量市民收聽直播。本人前一本作品內容亦有提及明治大正年間，不少日籍達官貴人曾入住香港酒店並留下紀錄，有興趣可參閱《爐峰櫻語：戰前日本名人香港訪行錄》。

　　不不不，今天我們的香港日本人墳場墓主 —— 松原治三郎及夫人，可是明治時期已經在香港經營日本旅館。松原夫婦的旅館也不走西式路線，沒有西式鐘樓，更沒有九層高。雖然根據大正時代留下來的紀錄，比起另一位同業植月覺三的東京酒店的房間價格要貴一點，但只要選擇睡在榻榻米大廳，價錢可是連學生都負擔得起。

　　明治大正年間乘搭郵船經香港前往歐美的日本留學生固然人數眾多，但經過香港前往清國視察學習的日本年輕學生亦不計其數。這些學生除了前往香港以北的地方之外，還會到台灣考察。擔當此重要角色的機構名為東亞同文會，會長乃明治時期的貴族近衛篤麿。近衛篤麿曾經在伊藤博文的建議下到德國及奧地利留學，回程親眼看見台灣澎湖島上法國國旗飄揚。他曾耳聞目睹清

國與法國的戰爭，對於白人帝國主義深感恐懼。他非常注重日本跟清國的外交關係，在甲午戰爭後就更是如此。東亞同文會培養學生中文能力，畢業生有部分前往清國工作，又或者進入清國國土上的日本領事館就職。東亞同文會於 1898 年成立，1904 年近衛篤麿英年早逝後，由兒子近衛文麿繼承父業，日本學生多次經過香港前往清國以及台灣、南洋等地。這些學生並沒有很富裕，但都受到松原治三郎的照料，居港期間都暫住於干諾道 18-19 號的松原旅館。

跟其他南方各地一樣，香港亦有日本人經營的宿泊設施。大名鼎鼎的夏目漱石就曾經去過鶴屋，此外還有東京酒店、松原旅館、野村旅館、伊呂波旅館、朝日旅館等。東亞同文館的留學生進行田野考察的初期，沒有投宿外國人經營的旅館，通通都在日本人經營的旅店短住。從明治到大正期間，松原旅館、松原別館、千代田、朝日、吉岡、野村旅館都是學生們經常光顧的地方。擁有松原旅館及松原別館的松原治三郎夫婦在當時日本人社區中來頭並不小，無論是以中環及半山為活動範圍的上層社會，還是聚居於灣仔一帶出賣身體或勞力的下層社會都各自有自己的日本人會，松原治三郎同時在兩邊奔走，為居港日人中之名人。

有位姓前田的學生曾經比較 1910 年及 1919 年的香港，指出香港開發後幾十年，日本人的工商業終於開始發展，旅館行業也開始走上軌道，當中完全日式的旅館就是以上幾間。這些學生離開家鄉一段時間，能夠重新睡在榻榻米、使用風呂洗澡，對於他們來說也是相當欣喜的事情吧。至大正晚期為止共 35 個旅行團中，有 16 個都選擇了松原旅館，可見松原旅館早在 20 世紀初期已經在做遊學團和學生旅行團的團體客人生意了。根據他們留下的文字紀錄《大旅行誌》，學生們使用的是樓上的廣間 [1] 和四

---

1 空蕩蕩的日式巨型房間。

樓的屋頂，學生們沒有獲分發獨立房間，大家把床鋪鋪好在榻榻米上便席地而睡。回憶日劇中日本學生們去旅行也會經歷的合宿光景，大約就能想像當時情況。大正以後東亞同文會的紀錄裏沒有再出現松原旅館，反而有吉岡、千代田、朝日和吾妻的名字出現。日本的留學生們都很喜歡傳統的日式旅館，不但能吃到久違的家鄉菜，還能好好泡浴，一洗多月來的疲勞，前田同學更確切表明「最可靠安心的始終還是松原旅館」。

1930 年代的日本郵船株式會社《濠洲航路案內》曾經介紹香港三間日本酒店，分別是東京酒店、松原酒店和千歲酒店，都是定位高級的酒店。不過這間松原酒店說的會不會是 1932 年興建的高級西式酒店 —— 有鐘樓又有九層樓高的告羅士打酒店改名而成的「松原酒店」呢？因為根據學生們的紀錄，純日式的松原旅館四樓已經是屋頂而且還有寬闊的廣間，怎麼看都跟前身是告羅士打酒店西洋風格的「松原酒店」並不一致。筆者曾經在古董二手市場發現過「松原旅館」的火柴盒，設計是純粹的日式風格配合波浪圖案，跟松原治三郎的明治航海時代很相配，相信是真正松原治三郎的日式旅館留下的客用品。

我個人認為可能松原治三郎夫婦在 1918 年過身之後不久，他們的旅館便沒有再經營下去。後來到了 1930 年代，告羅士打

松原旅館的西式房間（圖片由
93collectible 提供）

松原旅館的日式房間（圖片由
93collectible 提供）

酒店改名的時候無獨有偶跟兩夫婦用了同一個名字，於是就出現了「松原雙胞胎事件」；既然知道松原是後來更改的名字，那麼早30年出發前往香港的近衛篤麿的莘莘學子們前往的松原旅館自然就是另一間旅館了。

松原治三郎夫婦經營旅館，自然也有提供膳食給住客。學生們就曾在遊記中提及在旅館可以吃到日本風味的食物。雖然

松原旅館的火柴盒

東京酒店的貼紙及收據正本，上有植月覺三的羅馬字縮寫。（圖片由張順光先生提供）

東京酒店

在 19 世紀都有零零星星日本人在香港開辦餐廳或者旅館的紀錄（例如夏目漱石在 1900 年 9 月 17 日的日記就曾記錄在香港的鶴屋旅館看見日式膳食），但普遍都會把松原治三郎稱為香港最早的日本料理廚師。據稱松原治三郎在跑馬地大火過世時可能也正在出售食品，卻不幸在火災中被跌下的竹架壓到受傷，隨後不治死亡。在香港日本人墳場中，松原治三郎的墓碑上列明是夫婦合葬，但卻沒有寫明夫人在什麼時候離世。也許松原治三郎過身後，夫人還經營了旅館一段時間吧？

1930 年代香港三大豪華日本酒店之一的東京酒店的東主植月覺三跟松原治三郎其實是同時代的人，相信也互相認識。這位植月覺三的身世相當不幸，一家四口包括兩位年幼的孩子都在跑馬地馬場大火中喪生。在旅遊雜誌裏不難找到東京酒店的房間佈置，跟前田同學講的一樣，東京酒店也有榻榻米房間，是純日式的酒店。我在日本的古董拍賣市場曾經發現過貼有大量貼紙的旅行箱，當中有一個名叫東京酒店的彩色貼紙，上面寫着 "K. Uetsuki"，當中 "Uetsuki" 是植月的羅馬拼音，"K" 則是覺三的縮寫。只不過無論留下來的相片還是貼紙上面的圖像，東京酒店都是純西式的建築，跟房間裏的佈置略有出入。東京酒店作為有質素的酒店，當然擁有自己的餐廳，名稱叫清風樓。《大旅行誌》還記錄了有一位名叫山田純三郎的南京書院畢業生曾經在東京酒店投宿：當時有位日本人希望去廣東訪問孫中山，於是就前往香港的東京酒店，向山田純三郎求得介紹信。這位山田純三郎不是別人，就是有份參與孫中山革命運動的山田良政的親生弟弟。

餘下一間高級日本旅館千歲酒店，創辦人是 1909 年來到香港居住的日本人關伊勢吉。酒店附屬的日本料理餐廳名千歲花壇，品嚐日本料理時還有真正來自日本的藝妓助興。根據現時流傳下來的 1930 年代酒店廣告及餐牌，我們至少可以知道這裏能

吃到壽喜燒和雞肉鍋。現在灣仔合和中心附近，還保留了當時前往千歲酒店的扶手樓梯，只是原址已經變成地盤，樓梯也只餘下十幾級了。有關千歲酒店及關伊勢吉，詳見《爐峰櫻語：戰前日本名人香港訪行錄》。

除了兩位不幸葬身跑馬地馬場大火的旅館東主，其實香港早期還有其他日本人在港開設酒店及旅館。1896 年，知名的文人德富蘇峰到訪香港時曾經聽過福澤諭吉的女婿、日本遊船公司的負責人清岡邦之助評論日本人最早在香港經營的旅館之一、位於鴨巴甸街 13 號的東洋館。在他們眼中，香港很多日本人經營的日式旅館，不過是租用中國人房子經營的旅館，簡陋局促。東洋館歷史最悠久，在海岸路兩邊，還有田中、鶴屋、澤田屋這些旅館，但比起松原治三郎和植月覺三的旅館，經營規模小很多就是了。此外，有人說松原治三郎是香港最早的日本料理人，但是 19 世紀中葉至末期，香港的日本料理店除了清風樓，還有野村、四開樓、德島館等。其中清風樓隸屬東京酒店，老闆是植月覺三。至於為什麼說松原治三郎是最早的日本料理人呢？這可能因為他是最早的日本人俱樂部餐廳的負責人吧。

跑馬地馬場大火

❀ 二

　　松原治三郎的客人除了當時東亞同文會的學生旅行團之外，尚有以香港為中轉站、前往被稱為星期四島（Thursday Island）尋求生計的日本男性，以及前往東南亞各地的唐行婦。星期四島乃澳洲小島，位於澳洲本島與巴布亞新畿內亞之間，曾經有一段時間島民佔了大半都是日本人，現在島民都是原住民為主。在19 世紀中葉後，這裏是盛產珍珠、珊瑚、白蝶貝及高瀨貝等天然物產之地。吸引日本人前往的原因是這些自然產物是製作高級鈕扣的材料，能夠賣得好價錢。因此在戰前塑膠還未成為主流之前，無論是亞洲或南太平洋的地方都有勞動力湧入該地掘貝，再加上傳教士和殖民地行政等傳入，對小島的語言、文化及生活方式都有莫大的影響。根據學者 Ganter, Regina 指出，1900 年前後日本島民人數急增，不過在當地遺留下來的痕跡卻只有寥寥幾個荒塚而已。

　　在澳門大三巴的納骨堂不難發現埋葬者基本上都是熊本縣和長崎縣這些九洲地方的日本人，尤其以八代和天草為主。香港的日本人墳場的下葬者相對地各地比例較平均，但是關東地區以北乃至以北海道為家鄉者卻鮮見其名。星期四島的日本人也有明顯的地域特徵，就是以和歌山縣為主。而和歌山縣中，又以西牟婁郡潮岬、串本、田並、有田、和深等地為主。1936 年的數據就明確指出，有西牟婁郡 424 人、東牟婁郡 395 人、新宮市 133人。新宮市的名字在今日香港喜愛深度旅遊的人士中並不陌生，這裏就是傳說中秦朝徐福帶領 3,000 童男童女落地生根之地，而和歌山縣除了貓站長之外，最廣為人知就是探珍珠的海女。由此見得，和歌山的青少年男士遠赴澳洲採貝可不是偶然，而是盼望

先天技術優勢足以在海外發揮，衣錦還鄉。只不過，由於渡海一般還算是「男兒志在四方」的表現，再加上鄉下一傳十、十傳百的影響，和歌山縣成為星期四島最大的移民來源地，也不是難以理解的事情。另一點要留意的是，在星期四島工作的日籍男性並不是以落地生根或者在島上建立日本人社會為目的。對他們來說，星期四島只是一個賺錢的地方，在家鄉不能賺到大錢，何不前往他國一試手氣。他們最記掛的始終是家國的親人，賺到的錢也是送回家鄉，支援家人在日本的生活。既然松原旅館有廣間可提供便宜的住宿給過路學生，這些年青力壯的男士們便在芸芸旅館中選擇了松原旅館，在香港短暫停留過後即前往未知的新世界。這些青年人在香港得到松原治三郎的照料，到了星期四島也不算是舉目無親：1912 年，作為過客的日本人們在星期四島建立了日本人會、青年會，其中最為值得關注的一點是其會員極多是宇久井村民，進而擴展到和歌山縣人，最後才是日本人這個身份認同。1976 年司馬遼太郎的小說《星期四島的夜會》（木曜島の夜会）中的主角藤井富三郎，原型其實來自和歌山縣西牟婁郡有田村的藤井富太郎。這位男士出生於 1907 年，18 歲前往星期四島採貝，1938 年在當地娶妻生子，雖然 1978 年他曾經一度回國，可是最終還是選擇回去星期四島，79 歲離世後葬身島上。可是他的弟弟卻沒有兄長幸運，他在南下澳洲後不久的 1938 年因意外逝世，當年正好是富太郎結婚的年份。弟弟如今也在小島上長眠。富太郎沒有忘記其他在星期四島上拼命工作的夥伴，他跟澳洲日本領事館合力，在島上建造了慰靈碑。現在，日本珍珠業跟星期四島還有往來，而我們前往和歌山縣，也依然會看到海女在採貝。月轉星移，和歌山海女與珍珠之鄉的美名依然永垂不朽。

第二章

揚帆遠航闢新域

小序　香港日本領事館的前世今生

　　執筆寫續集並決定以早期日本領事館及領事們在香港的事蹟與人生經歷為切入點，其實正值俄羅斯與烏克蘭局勢持續升溫。記得在電視看到駐烏克蘭的日本領事松田邦紀時，心想這位不是前駐港領事嗎？2015 年 10 月來到香港、曾經在香港擔任日本領事三年的松田邦紀，出生於 1959 年 4 月 27 日，老家是福井縣，曾經在美國、俄羅斯、香港等地擔任日本領事的外交官，現時由於俄烏戰況不穩定，已經調往波蘭繼續辦公。

　　領事館的設立源於西方的政治習慣，目的在平衡雙互的外交監督關係，確保國民於他國仍能受到等同本國的法律保障與對待。這樣兩國在對等關係下展開的外交方能體現雙方的權利與義務。

　　根據外務省年鑑的資料顯示，位於香港的日本領事館於 1873 年 4 月 20 日開設。至於最初在香港擔任副領事的，是 1872 年來到香港的林道三郎。這位開荒牛除了擔當香港地區領事之外，同時需要管轄廣州、汕頭、瓊州（今海南島海口）等地。1893 年 11 月至 1896 年 9 月期間，菲律賓馬尼拉領事館由於臨時關閉，香港領事亦需要同時負責當地的業務。

　　要數第一位來到香港的日本領事，一定要記得副領事林道三郎。原本在神奈川縣工作的林道三郎，在 1872 年奉命把神奈川縣縣民久三郎之女 —— 康，從清國帶回日本橫濱。這位女士之所以會去到清國，是因為她在橫濱時被英國人 Gilman 所僱用的華裔員工用錢買走。因為我們不排除在 1872 年、1873 年初林道三郎已經在外務省工作，之後才被任命成為香港的副領事。

　　雖然對於日本人來說，香港普遍的人都是華人，但香港始終

是英國在遠東的殖民地,情況跟普通的南亞地方如菲律賓以及清國本土略有不同。成為香港的領事前,有些程序自然也不全然相同,這些程序我們今日還能考證得到:原來首先在 1873 年 3 月 22 日,日本的代理外務大臣曾把林道三郎即將前往香港就職一事告知身處東京的英國臨時代理公使 R. G. Walsou,並向當時的香港總督堅尼地遞交了介紹信。林道三郎其後在 4 月 15 日、16 日拜訪堅尼地總督,亦拜訪了其他國家的領事並登上他們在香港的軍艦致敬。

在林道三郎的努力下,香港的日本領事館在 4 月 20 日開館。透過 6 月 11 日簽署租期一年的合同推斷,他們從 5 月 1 日起租借位於ヴエルブ的房子。合約上列明的屋主名稱是 Richard Fillion Hovick,契約注明可以作領事館辦公及住宅所用。有關日本領事館最初的位置,趙雨樂教授推測其名稱與紀念香港總督卑利的街道最為接近。卑利街在 19 世紀中葉主要為洋人聚居地,但到了 1870 年代逐漸有華人及其他亞洲人遷入,故不排除成為領事館考慮的地點。最早期的日本領事館,除了林道三郎外,尚有尾崎逸足書記官負責各種事務,還聘請了一位英國人負責英文書信。除了作為辦公室及官邸的房子,當時的日本領事館似乎還配備一輛馬車。日本領事館第一次聘用操流利廣東話的人員是開館後第三年,即 1876 年的 10 月。當時旅居香港的日本人平部二郎兼通英語和廣東話,他擔當二等書記官實習生在領事館工作。

雖然領事館主要的工作是處理香港在地事務,例如僑民的事宜,但由於香港是前往歐洲的中轉站,領事館亦擔當起接待到訪香港的日本旅客的責任。例如 1878 年法國世界博覽會開幕,日本亦參加這次盛會。這次博覽會為了宣傳國威,官員之外還有其他職員等都共同前往法國,幫忙建設宏偉的日本館。除了普通旅

客，日本領事館在香港也曾經接待過日本的皇族及政要。其中在歷史上留名最多的必然要數安藤太郎：1881年1月，有栖宮威仁親王前往英國途中登陸香港約一星期，期間的各種活動安排，就是由當時的安藤太郎負責接洽。香港總督軒尼詩亦曾透過安藤太郎了解親王到訪香港的待遇規格等事宜。親王在香港期間透過安藤太郎的帶領，訪問了總督官邸，亦跟香港總督共進晚餐。會見法國及英國的代表後，親王在香港的日本人送別下前往英國。親王離開香港次年的3月，伊藤博文一行人從歐洲考察憲法後途經香港回國，當時總督軒尼詩並不在香港，由馬殊出任代理總督。經過安藤太郎的安排，伊藤博文等人才剛抵港，便有汽船迎接進入領事館官邸，安藤太郎又代為安排前往廣州的各項事宜。其後伊藤博文繼續入住領事館官邸，後來才乘搭法國輪船前往歐洲。以上種種例子，都是早期日本領事館為到訪香港的日本「重量級人馬」在港期間的打點安排。

除此以外，一些意外從日本來到香港的「不速之客」，日本領事館也擔當起遣返的任務，把他們送回日本。要數日本領事館幫忙來自日本的「不速之客」，開館後第二年的秋天曾經發生一件既懸疑又有趣的事情：1874年的11月15日，日本的軍艦日進艦在前往台灣途中遭遇暴風雨，到香港補充物資後隨即離開。過了不久，連卡佛向日本領事館請求支付日進艦在香港買東西的款項。日本領事館考慮到日進艦的船員當時可能資金不足，加上時間緊迫，忘記告知領事館就匆匆離港，因此沒有跟日進艦確認過就直接支付了費用。這段插曲中的連卡佛正正就是1850年已經開業至今的名店，但當時還只是間簡陋的店舖，向英國海軍及家屬售賣「從一根針到一個鐵錨」的日常用品。又例如1877年，遇上風浪在海上漂流的愛媛縣縣民玉井福松，被英國船隻救起後送到香港，在船長陪同下前往日本領事館。日本領事館向英

國船長表達感謝，安排日本國民留宿領事館，還幫忙安排前往上海的交通，最終安然將他送返日本。

早期的日本領事館雖然規模細小，但除了幫助住在香港的日本僑民之外，亦擔當起各種相關任務。無論是日本個體戶、企業在香港的經濟發展，僑民在香港生養死葬，抑或是到訪香港的日本旅客各種千奇百怪的疑難雜症，領事館都擔當排難解紛的中間人角色。在本書第一章，我們曾經講過埋葬在跑馬地日本人墳場的日本人。1878 年，在法國留學的湯川溫作少尉學成歸國，可是船隻到達香港時他已經病入膏肓，隨即不幸離世。湯川溫作的死亡證是船上的法國醫生簽發的，但是墓地、棺材等費用全部都是由當年的日本領事館出資。可見日本領事館在這些情況下也會為死亡的日本旅客辦理身後事。

松田邦紀曾經向媒體透露，他人生的座右銘是他離開福井縣前往大學讀書時父親告誡他的八個字，出自中國明朝崔後渠「六然」名句中的「得意淡然、失意泰然」。日本領事館自從林道三郎起，百多年過去，每一任的日本領事都肩負兩地橋樑的重任，為香港與日本的友好鞠躬盡瘁。即使離開了香港，他們依然在世界各地，以日本外交官的身份，肩負各種的使命。這些早年曾經來過香港的日本領事，到底經過怎樣的鍛煉和考驗，往後人生又有什麼變數呢？請讓我為各位看官娓娓道來。

01

林道三郎

解放清朝奴隷

　　1842 年，清政府跟英國簽訂《南京條約》，割讓香港給英國成為殖民地。同年，林道三郎出世了。也許正是冥冥中注定，這個孩子長大後跟香港大有緣分。

　　1977 年，長崎市寺町晧台寺後山墓地內有一個家族的墳墓成為指定史蹟。這是居住在長崎的林姓家族的祖墳，旁邊有官梅家的祖墳並列。

　　很久很久以前，福建省的林公琰來日，娶了大村藩森氏一族之女，生子林道榮。林道榮學問出眾，詩文俱精，出任唐人貿易通事。林道榮有子三郎兵衛，三郎兵衛有子勝五郎。可惜三郎兵衛早逝，三郎兵衛女兒與女婿官梅三十郎共同撫養其弟勝五郎。勝五郎後來繼承林家，三十郎子孫就繼續留在官梅家。但是去了鹿兒島後，林家就絕後了。到了 19 世紀末期，另一位唐通事 —— 游龍彥十郎立自己的第七子繼承林家，此子名叫林道三郎。

　　林家從事的唐通事一職，在開國之前的長崎擔當着非常重要的職責。由於鎖國政策之下，只有長崎對外開放，明清的貿易都跟長崎脫不了關係。出任唐通事者不但要有語言能力，還需要熟悉中國的文化習俗，方能擔此重任。唐船貿易並不是單純的貨品買賣，還牽涉文件製作、對外通訊、商船接待、旅居住宿、生活照應、情報蒐集等工作。像林公琰家這種本來就有華人血統的家庭，無論是語言還是文化都能夠做到世代相傳。隔了多代的林道三郎是否林公琰的遠親，是否擁有福建的血統，墓碑上沒有太多的資訊。但很肯定的是，他在前往神奈川縣前就曾經是長崎的唐通事，並且精通唐語和英語。

在之前的篇章裏我們多次提到神奈川縣的橫濱、兵庫縣的神戶，還有九州的長崎在明治年間都是相當重要的港口。除了因為這些地方靠海，本來就有相對發達的配套，而長崎歷代數百年間的海外貿易經驗，更是培訓有能力做翻譯及跟外國人打交道的人才的重要地方。最早，唐通事大部分都是明朝逃避戰亂的遺民，他們來到九州落地生根之後，擔當起兩地通商貿易的橋樑。當時他們學習的華語有三種，分別是南京話、福州話和漳州話。但總體來說在貿易期間還是南京話用得最多。根據日本學者六角行廣和武藤長平研究所得，這些明民即使去到長崎也保留孩子的華語教育，首先以《三字經》、〈大學〉、《論語》、《孟子》、《詩經》為初級讀本，中級的教材為《今古奇觀》、《三國志》、《水滸傳》、《西廂記》，清代黃六鴻結集地方施政心得而成的《資治新書》則用來學習當地知識，清代流行的小說《金瓶梅》和《紅樓夢》則是自修用的小說。為什麼會加入《西廂記》這種明清時在書香人家中難登大雅之堂的讀物呢？這是因為要讓孩子們透過小說去了解對岸的文化生活人情，熟悉通俗語言的使用。除此以外，《水滸傳》的英雄好漢故事，也是他們需要學習的課本之一。到了 19 世紀後期，俄羅斯與美國分別嘗試打開日本封閉的國門，在瞬息萬變的國際形勢中，唐通事間出現了提倡在研究華語之外還要學習英語的先鋒——鄭幹輔；平井義十郎、何禮之助（又名何禮之）、太田源三郎都有學習英語。

出生在 1842 年的林道三郎於 17 歲時曾經擔任稽古通事。這是比唐通事略高一點的職位。除了有唐通事跟清人來往，長崎還有和蘭通事跟荷蘭人溝通，聯絡貿易。用現代的說話來說，稽古通事有點像見習翻譯官。林道三郎的華語、英語在什麼地方習來，目前還沒有有力的資料支持，但是之後幾年他分別做過小通事末席和小通事並，到了 1866 年又再升職為小通事助。以上這

些都是江戶時代翻譯官的稱號，任職地點都在長崎。1867年，林道三郎被命令前往神奈川，到達後不久日本便改朝換代。明治年間他在神奈川縣一直擔當翻譯官，並經歷了秘魯奴隸船 Maria Luz 事件。跟林道三郎經歷奴隸船事件並共同寫下日本版著作《白露國馬厘亞老士船裁判略記》的何幸五，就是唐通事中最早積極學習英語的何禮之的親生弟弟（準確說這本書是由美國人佐和希兒〔Hill, George Walle〕寫作，林道三郎翻譯，何幸五校對）。何幸五又稱幸五郎，他跟香港也有淵源：1873年5月，他曾經翻譯1869年4月27日香港制定的警察規則，收錄在橫濱活版社刊行的《香港巡邏章程》一書。透過這件事，我們對林道三郎這位未來將前往英國殖民地擔當領事的年青人及其夥伴的英語程度，有了一個具體客觀的了解。

❀ 二

1872年6月4日，一艘載有230名華人、名叫 Maria Luz 的秘魯籍船隻從澳門出發前往秘魯，途中因天氣惡劣、船隻損傷而臨時轉往橫濱進行修理。一位名叫木慶的奴隸懷疑不堪船上惡劣環境及虐待，投身大海尋短見，幸得英國戰艦救助並揭發 Maria Luz 原來從事人口販賣，把奴隸從亞洲送到秘魯。美國及英國向日本施加壓力，要求處罰船隻及救助奴隸，日本因而捲入奴隸船風波。這時的外務卿是副島種臣，雖然朝廷內有反對的聲音，但是基於人道立場，他依然堅持介入拯救奴隸一事。順帶一提，原本的神奈川權令陸奧宗光就是持反對意見的其中一位官員。然

而陸奧宗光於 7 月離任，裁判的重任落在新上任的大江卓肩上，經過各國審議及以陳福勳為首的清國代表使節團抵達神戶作出種種交涉後，明治政府在 9 月 17 日推出《人身買賣禁止令》，9 月 27 日清國奴隸們離開日本回到自己家鄉。而直接參與事件的大江卓更得到住在橫濱的清國人贈送的大旆，上書「指囻高陞」四字（「囻」是「日」異體字）。

林道三郎在明治政府成立後不再是唐通事，當時擔當神奈川縣一等譯官兼權典事。在奴隸船事件中，林道三郎親自上船聆聽清國人的供詞，參與裁判，並且在日本國內裁判完結之後進行各種翻譯工作，製作詳細報告書交代案件。在事件的審理進度上他擔當了非常重要的角色，上面提到的《白露國馬厘亞老士船裁判略記》正是由他擔當翻譯。可是，清國奴隸們離開日本還不足一個月，林道三郎就接到命令出任香港副領事。翌年 3 月他就離開東京出發前往香港，於半年後因病離世。《白露國馬厘亞老士船裁判略記》出版於林道三郎離世後八個月，編輯過程不詳。但可以肯定的是，做完各種文字處理後他便離開日本前往香港，在香港面對各種各樣新挑戰，相信該書的校對或其他細節，他負責的部分並不會很多，而官方紀錄上校對的人也是何幸五而非林道三郎。

❀ 三

林道三郎雖然是日本領事館的開荒牛，但結局卻十分慘淡：在香港就職三個月後，他便因商議政務的理由回國。9 月 12 日

乘搭由香港出發的美國輪船，於 9 月 19 日到達橫濱，卻在 23 日突然病發身亡，享年 31 歲。雖然他繼承了林公琰的家，但林道三郎夫婦的墳墓卻位於東京都港區，不在長崎縣。

林道三郎

02

尾崎逸足

推動日本基督教發展

第一位日本副領事林道三郎於 1873 年離開香港，回到日本後不久即因病離世。繼續在香港處理事務的，是代理事務官尾崎逸足。他出生於大垣的藩士家庭，妻子是伊藤一隆的姊姊なか（Naka）。他在 1873 年 9 月 12 日開始工作，這天正好是林道三郎登船回國的日子。剛剛在香港展開業務的日本領事館除了由林道三郎和尾崎逸足負責各種事

尾崎逸足

務外，還聘請了一位英國人負責英文書信。除了作為辦公室及官邸的房子，領事館還配備一輛馬車作出入之用。但由於日本領事館第一次聘用操流利廣東話的人員是開館後第三年，也就是 1876 年，相信日本領事館最初幾年使用的語言基本還是日本語和英語。

尾崎逸足在香港的日子沒有很長久，1873 年日本領事館還有另外的事務官樋野順一。1874 年來香港的副領事安藤太郎後來還成為了正式領事。對於尾崎逸足在香港領事館的工作內容，我們所知的也沒有很多，到過香港之後，他就去了歐洲，曾經負責萬國博覽會及其他外交事務，所以在研究 1880 年代意大利與日本外交關係之時，不難發現尾崎逸足會出現在羅馬的日本外交官大合照當中。

尾崎逸足身處羅馬的合照中，最亮眼的是在 19 世紀被意大利媒體稱為鍋島王子（Principe Nabeshima）的鍋島直大。1846年出生的鍋島直大是佐賀藩第十一代、也是最後一代藩主。明治維新之後，一直從事外交工作，在議定外國事務局任職。曾經在

尾崎逸足（後排左一）、鍋島直大（後排右二）
及羅馬公使團

歐洲居住的他在日本接待過德國的皇族和美國的將軍。在討論日
本明治維新時，通常都會傾向討論德國與英國對國防的影響，
但日本跟其他歐洲國家例如意大利嘗試築構良好的外交關係卻
容易被忽略。意大利曾經訪問日本，鍋島直大常伴意大利王子
Tommaso Alberto Vittorio di Savoia-Genova 左右，此契機令他在
1880 年成為駐意大利日本公使。鍋島公使在前往意大利前跟夫
人死別，續娶廣橋榮子。這位廣橋榮子跟陸奧宗光後妻陸奧亮子
一樣，在外交場合為日本爭光不少。例如意大利的媒體就曾經報
導鍋島公使及夫人對西方禮儀非常熟悉，舉辦的晚餐會和舞會典
雅華麗。鍋島直大跟夫人榮子在 1882 年誕下女兒伊都子，意思
就是「伊（意大利的漢字代表字）國首都出生的孩子」。這位伊
都子活到 1976 年，在昭和時代的日本皇室相當活躍，曾跟香淳
皇后一致反對後來的平成天皇迎娶平民美智子。當時隨鍋島直大

前往意大利的，還有作為外務書記官的洋畫家百武兼行及仕奉鍋島家的成富清風，相片中其他都是在意大利的日本領事館工作的人員。尾崎逸足在意大利的留影背後，就是一個這樣的外交政治環境。

在明治政府的文件中，我們又找到 1889 年任職茨城縣豐田結城岡田郡長的紀錄。尾崎逸足在 1886 年去到茨城縣，擔任結城、岡田、豐田郡長期間，曾經大力推動基督教的發展。有常總[1]基督教開拓者之稱的草間碩，就很感恩尾崎逸足擔任郡長期間，以自己的郡役所[2]為據點，伴隨着外國人傳教士從最北面的結城町走到南面的水道町，盡心盡力傳道。只可惜結城町的寺廟本有強大影響力，傳教並不成功。有時草間碩在川又傳教的時候，尾崎逸足亦陪伴在側。曾經擔任外交官到過英國殖民地香港及意大利羅馬的尾崎逸足除了語言及禮節，看來對外國的宗教亦相當有心。他在意大利的時候，很有可能曾暢遊羅馬大教堂、梵蒂岡等宗教聖地呢。

尾崎逸足除了擔當外交官周遊列國，又在國內推動基督教發展，為後人津津樂道的還有 1889 年 12 月出版的《今日之東京》一書。這本小書只有 80 多頁，卻詳細介紹了當時東京的地理環境，是今時今日研究 19 世紀東京地貌及城市發展進程的重要文獻。近幾年這本書重新出版，無論是研究地理還是歷史的研究生，都有機會用到這本 130 年前的作品。

尾崎家也是有名望的家族。離開香港後，尾崎逸足的次女なを（Nao）於 1879 年在岐阜縣誕生。這位女兒後來嫁給東京市電氣局長長尾半平。長尾半平家世顯赫，祖先是舊越後國村上

1　尾崎任職的茨城縣其中一處地名。

2　辦公地點。

藩藩士，如用現代的日本地理劃分則是新潟縣人。1865 年出生的他於 1891 年完成帝國大學工科學士課程，主攻土木科。尾崎逸足作為外交官曾到訪亞洲和歐洲，他的女婿也不遑多讓：主攻土木科，曾經在台灣總督府擔任鐵道技師，回到日本之後一直任職鐵道院，分別擔任九州及中部鐵道管理局長。除了鐵道管理局之外，長尾半平還曾經擔任東京市電氣局的局長，後來還成為眾議院議員。雖然不及外父足跡遍天下，但在當時能夠在帝國大學畢業並前往台灣總督府工作依然相當了不起。至於尾崎逸足本人的外家伊藤家也是名人輩出：夫人なか的弟弟伊藤一隆育有兩女，次女松本惠子是翻譯家及小說家，長女あい（Ai）是宅男女神中川翔子的曾祖母。不知道來過香港幾次、超級喜歡成龍的中川翔子是否知道，她的先祖曾經在香港擔任過日本領事館的副領事呢？

03

安藤太郎

宣教士與禁酒使

❀ 一

　　日本歷史上有多位安藤太郎，我們今次的主角是戰前的外交官。這位安藤太郎出生於 1846 年 5 月 3 日，一直活到 1924 年 10 月 29 日。

　　在福原香世子與父親福原榮太郎的篇章裏，我們讀到 1879 年 2 月 18 日，大隈重信得知香港總督即將前往日本渡假的消息並向上呈報。根據明治政府的文書《太政類典》第三篇卷十六記錄，軒尼詩正正是透過安藤太郎通知日本政府。當時香港最大的商貿組織是三井物產及廣業商會，這次訪問除了希望促進雙方貿易繁榮，再下一步便是立日本銀圓成為香港通用貨幣。透過井上馨的傳記，我們得知軒尼詩總督訪日的行程部分主要由他們兩位負責，其他雜項相信就是由安藤太郎負責打點。從這次訪日活動軒尼詩一家人留下的珍貴相片可以看出，不同於大隈家夫人穿着和服，井上家的女眷早就穿上西式服裝；至於安藤太郎和他的夫人文子（舊姓荒井），亦穿上非常得體的西式正統晚禮服。接着我們來看看安藤太郎和文子夫人兩人的背景及經歷。

　　安藤太郎出生於還沒改稱東京的江戶、以《四谷怪談》聞名的四谷。他的父親是鳥羽藩的醫生安藤文澤，日本國內種痘的先驅。雖然他的父親是醫生，但安藤太郎幼兒時父親便開始讓他飲酒，安藤文澤大概做夢也不會想到這個小小孩子未來會成為日本禁酒同盟會初代會長。安藤老家的鳥羽藩位於今日三重縣鳥羽市，著名的珍珠品牌 MIKIMOTO 總公司就在這裏對出的小島 —— MIKIMOTO 珍珠島。少年的安藤太郎跟美國傳教士學習英文，後來再學習漢學、蘭學和英學。在海軍操練所、陸軍傳習所學成之後，他參加了戊辰戰爭，替舊幕府軍對抗明治新政府

安藤太郎

安藤太郎（後排左二）及香港總督軒尼斯（後排右三）等

軍，擔當過騎兵指揮及海軍二等見習官。在戊辰戰爭最後的北海道戰役 ——箱館戰爭中，他跟隨榎本武揚乘搭回天丸，並在宮古灣戰役負傷。1869 年 6 月 27 日，榎本武揚率領他僅餘的 800 名軍人投降，戰爭結束。安藤太郎就是當中之一。戰敗後被判一年刑期。跟安藤太郎一起在宮古灣奮戰、職位為海軍奉行的荒井郁之助則被判兩年半刑期。這位方井郁之助跟新選組的土方歲三亦有關連 ——是荒井郁之助拍攝北海道紀念箱館戰爭的碧血碑相片，並交給土方歲三家人。他後來成為日本第一代中央氣象台台長，他的妹妹文子後來成為安藤夫人。安藤太郎夫婦在推廣日本銀圓成為香港法定貨幣的歷史上亦佔一席位。

在早期的香港日本領事館，工作時間最長的要數安藤太郎。最早期有副領事的紀錄是 1874 年，最晚則是 1881 年，兩者相距共有七年。期間雖有太沼讓和寺田一郎擔任事務代理，但他一直是副領事或者領事的職銜。安藤太郎在香港最重要的政績是推廣日本銀圓在香港流通，以及試圖說服香港政府讓其成為法定貨幣。前文提到明治初年的貨幣政策尚處於適應階段，由於日本銀圓經常流通海外，無形間與其他海外的銀圓構成廣泛貿易平台，時

刻影響着各國金銀兌換及比價。後來日本改為發行幣值更高的金圓，以黃金鑄造，稱為「金本位」。以安藤太郎為首，大隈重信與井上馨跟香港總督軒尼詩的關係亦由這個銀圓流通事件開始。順帶一提，前文提過的 John Pittman 幫明治政府調查香港情況時，正是安藤太郎預備升格為正領事的時刻，時為 1877 年 10 月。

❀ 二

讓安藤太郎真正走上駐外國日本領事道路的契機，可能是 1871 年 12 月 23 日出發的岩倉使節團。眾所周知日本需要文明開發，就需要鑽研西方列強船堅炮利背後的秘密。岩倉使節團的特命全權大使是岩倉具視，再加上政府官員及留學生等，總數 107 人浩浩蕩蕩地出發。木戶孝允、大久保利通、伊藤博文、山口尚芳四人為副使官。在這些響噹噹的名人後面，一等書記官的人名清單中竟發現香港第一任日本副領事 —— 林道三郎同鄉、何幸五兄長何禮之（又名何禮之助）的名字，這位長崎唐通事也在隊伍當中。至於安藤太郎則以四等書記官身份跟隨上路。平心而論，同時間有過百位政府官員及重要學者馬不停蹄訪問外國幾年，即使在今天也是鳳毛麟角，何況是在 19 世紀。出發的日本人通通改變形象以西式服裝及短髮示人，只有全權大使岩倉具視出發時一直穿着和服並以此為榮。據說岩倉具視的兒子在美國留學，他看見父親的裝扮刊登在美國當地的報紙後，勸告父親繼續堅持服裝可能會讓人看不起日本。最後岩倉具視聽從兒子建議，在芝加哥剪掉長髮，從此換上西服。

明治政府組織岩倉使節團有多個目標，除了與西歐促進溝通交流、考察諸國文化國情外，最重要是修改或廢除之前訂立的各項不平等條約。明治政府從明治初年開始，就一直試圖修改舊幕府與各國之間簽訂的不平等條約。適逢 1872 年 7 月 1 日是續簽與歐美共計 15 個國家訂立的修好條約的日子，各國亦同意在提前一年通知的情況下可修訂條約，因此使節團的使命絕對不單純只有親善訪問。在不足兩年期間，日本官員與留學生們考察了 15 個歐美國家的工、農、礦、金融、文教、軍事、治安各部門。岩倉使節團離開日本時，日本依然相當封閉，對世界所知甚少。透過這群官員考察各國的工廠、礦山、博物館、公園、股票交易所、鐵路、農場和造船廠後，他們深信日本不但需要引進新技術，更要引進新的組織和思維方式，方能改造為現代國家。所幸使節團不因所見所聞而沮喪，回國後依然陸續向海外派出更多的使節團、留學生進行更細微的考察，令明治維新的變革細節更為豐富，官員們也對變革形成了共識。這一點跟清國洋務運動中的「中學為體，西學為用」並不相同，兩國的思維方式分歧，最終體現在甲午戰爭日勝清敗的結局上。橫跨歐洲大陸與美洲大陸的海外考察歷時大約兩年，在 1873 年 9 月 13 日結束後不久的 1874 年 7 月 3 日，安藤太郎就成為了香港的副領事，數年之後正式成為領事。

❦ 三

離開香港之後，安藤太郎曾經擔任清國駐上海總領事，後來

前往夏威夷擔任總領事。他在夏威夷受洗，後來還戒酒。一般人戒掉飲酒的習慣算是常見的，但是安藤太郎卻是在公務完成之後成為基督教傳教士與日本禁酒同盟的中堅分子。除了在不同的國家擔當領事，還擔任過其他公職，包括外務省初代移民課長和農商務省商工局長。據說安藤太郎本來小時候已經是酒鬼，夏威夷工作期間，箱館戰爭的舊友榎本武揚贈送清酒給他，文子夫人把瓶子都打破了，於是促成了安藤太郎的戒酒。

1885 年安藤太郎到達夏威夷成為總領事，翌年，大批日本人開始移民前往夏威夷。好景不常，之後便爆發了大批的排日運動，安藤太郎就是在這段期間成為基督徒的。五年後安藤太郎因為戒酒的契機在夏威夷成立了禁酒協會，後來還在東京以基督徒的身份同樣創立了東京禁酒會，成為初代會長。基督教宣教士以及禁酒活動同步進行期間，安藤太郎的官運繼續亨通。他之後還擔當過外務省通商局長和農商務省商工局長，一直工作至 1897 年才「無官一身輕」。但沒有公職在身的安藤太郎並沒有賦閒在家，他擴大了以往禁酒活動的組織，以全國禁酒為目標的日本禁酒同盟會在他離職後一年正式成立；到了大正年間再次改名為日本國民禁酒同盟。可惜，最初讓他戒酒的文子夫人在日本國民禁酒同盟成立的 1919 年之前的五年、也就是第一次世界大戰展開的 1914 年已與安藤太郎死別，未能看到這個時刻。文子夫人過身後，虔誠的安藤太郎把自己的房子捐贈給教會，並且設立安藤紀念教會。1924 年安藤太郎終於走完他跌宕的一生，到天國陪伴文子夫人；至於榎本武揚和荒井郁之助，早就在黃泉路上等待這位戊辰戰爭的戰友了。安藤太郎的死因是動脈硬化症及腎臟萎縮症，但是他創立的日本國民禁酒同盟並沒有因為他過世而停運，1949 年機構把國民兩個字省卻了，從此日本禁酒同盟一直推廣禁酒活動，宣傳酒精對人體的害處，保衛日本國民健康到今時今日。

04

南貞助

與張之洞攜手破獲偽鈔集團

🌸 一

　　把青春燃燒在倒幕事業卻不能活到明治之世，1867 年以 27 歲之齡辭世的長州藩奇兵隊創設者高杉晉作有一句名言，直到今天還流傳在日本人之間：「把不怎麼有趣的世界變得有趣吧！」（面白きこともなき世を面白く），傳為美談。自從追隨明治維新 150 周年各項活動親身前往山口縣之後，這句句子就成為我的人生座右銘。今次我們的主角，正正就是他的義弟 —— 山口縣士族、長門國阿武郡萩市平安湖町的南貞助。這位南貞助除了曾經擔當香港領事之外，還是日本歷史上第一位跨國結婚的男主角。他結婚的對象，跟香港早期的經濟發展與交流亦有莫大的關係。

　　南貞助生於 1847 年，卒於 1915 年 7 月 14 日。比高杉晉作小八年。在高杉晉作的家系圖中，可以看到高杉晉作的父親高杉春樹之妹マサ（Masa）嫁到南家，成為南杢之助妻子。這位女士的兒子正正就是南貞助。南貞助後來成為高杉春樹的養子，因此跟晉作成為了義兄弟。1862 年，高杉家家長春樹考慮到後繼只有晉作一人，便把妹妹的 15 歲兒子貞助迎為養子，改名高杉百合三郎。1865 年，百合三郎在兄長晉作功山寺舉兵時又易名谷松助。因為這件事，兄弟兩人同時在 11 月被高杉家除籍。高杉本家的家督最後由晉作最小的妹妹光子招婿入門繼承。光子可是遵照父命先跟長州藩士大西機一郎離婚再嫁村上半七郎。村上半七郎改名高杉春棋，高杉家終於後繼有人。

　　高杉晉作在 1862 年 5 月至 7 月期間曾跟五代友厚等人，以幕府使節隨行團員身份從長崎前往上海考察清國成為列強殖民地後的情況，而且親眼目睹太平天國之亂。也是在這種情況下，令

南貞助的義兄高杉晉作

貿易銀圓

他更加堅決相信國土完整的重要性。當時他大約沒有想過剛成為自己弟弟的百合三郎未來會成為清國割讓土地 —— 香港的日本領事。

南貞助第一次出國考察的目的地是英國。在 1865 年，他取代兄長晉作，利用長州藩的費用秘密前往英國留學。兩年後兄長離世，他亦因為資金不足回到日本。南貞助回國剛好是明治維新時期，他成為新政府的外國事務人員。1871 年他跟隨東伏見宮嘉彰親王以隨從身份到英國留學，這次他是應木戶孝允要求前往倫敦學習軍事及法制，並且得到外國資金，以日本人身份在英國建立最初的商社。翌年 9 月 20 日在英國與當地女子 Eliza Pittman 結婚。他在英國期間曾經協助研究日本的英籍東洋學者

James Summers 發行《大西新聞》。這位學者亦曾經在 1852 年到過香港和上海，分別以廣東話及上海話教授英語。1891 年逝世後埋葬在橫濱外國人墓地。南貞助婚後一年攜同妻子回到日本，並於 1873 年 5 月 31 日透過位於山口縣的東京出張來所，以英國的結婚證明文件輔助，正式向日本政府提交兩人的結婚報告。兩人的結婚與其說是因為愛情而結合，不如說是南貞助為了改善日本人人種而做的「科學實驗」。有關要生日英混種孩子的想法記錄在他本人的日記上，當中還提到伊藤博文、大久保利通等人都持默許的態度。

　　Eliza Pittman 是英國人 Charles Pittman 的第三個女兒。Pittman 這個姓氏在早期殖民地香港的歷史中並不常見，但是在明治維新特別是銀圓發展的一段歷史中卻相當著名。在早期怡和檔案可以發現 Pittman Company 活躍於中國貿易方面，與日本的銀行亦有商業來往。1875 年日本政府發行新的貿易銀幣，國立第一銀行董事長澀澤榮一及三井物產的益田孝在香港決計設立三井分店並且流通新銀幣，促進業務進行之前必須遣人做實地調查，當時派遣的正正是 John Pittman。John Pittman 既要調查日本銀圓在海外的流通情況、疏理舊幣和假幣問題，還要幫忙說服香港政府把新發行的日圓定為法定貨幣。為日本政府推展香港業務之餘，當然也希望擴展自己家族在清國的貿易，因此他對日本、清國、香港都樂意出謀獻策，是非常合適的中間人。不過，南貞助跟 Eliza 的婚姻大概只維持了十年左右，兩人之間並無子嗣；離婚後不久南貞助跟伊澤せん（Sen）結為夫婦，包括兒子春峰，兩人共育有二子三女。

比起其他在香港工作的日本領事，南貞助留下的事蹟極為詳細。他曾經幫助英國及清政府緝捕偽造貨幣的犯人，立下大功。

19 世紀末期，香港貿易發達，但偽造貨幣帶來的不良影響卻已浮現。即使在香港曾檢舉過使用偽造貨幣的人，但要找出源頭，緝拿偽造貨幣的犯人卻極之困難。因為這些人的大本營都在清國內地，要讓香港當局到清國內地監管偽造貨幣的不法行為，過程相當艱辛。對於當時的日本明治維新政府來說，他們也有對策防止偽造貨幣，可是對於清國的人民來說，偽造貨幣是常有的事情，而且平民百姓根本不把這件事視為問題。所以儘管偽造貨幣在香港流通，但由於這種偽造貨幣未必會在日本出現，日本政府也就「隻眼開隻眼閉」。可是到了 1887 年，九州的長崎縣警部局終於發現日本銀圓的偽造貨幣，事件隨即被報上外務省，明治政府就必須構思預防對策了。

長崎縣發現的首枚偽造貨幣外表與實物幾乎一樣，但由於裏面被挖空，取代銀的部分是錫和鉛兩種金屬，所以透過聲音可以分辨真假。日本政府對於假冒的貨幣很敏感，於是外務大臣就向駐清國各地日本領事發出了要與當地政府協力找出偽造貨幣來源的指示。長崎縣發現的銀圓很大機會來自人口廣泛流動地區，所以香港就首當其衝擔當這個任務。碰巧南貞助亦曾經報告過在香港發現日本銀圓被偽造，因此在得到命令後，便下定決心要積極與香港及廣東的官員協調政策，逮捕與偽造貨幣相關的犯人。南貞助很快便聯絡到民政長官陳述日本政府的態度，並且出示偽造的日本銀圓。民政長官亦欣然表示香港政府會盡力協助日本政府緝拿犯人。他向香港總督陳述請求後，政府命令警署必須協助日

本領事館及南貞助全力盡快偵破事件。經過努力調查，終於查出可疑地區是位於廣州南面大約六里沙灣的小村落。可惜當時英國殖民地政府與日本領事館是如何在短時間內找到那麼多的情報進而鎖定目標，現在已經無從稽考了。

南貞助向香港的警察署長丁卡打聽完情報之後，決定親自前往廣州，並會見兩廣總督請求捉拿犯人。可是後來他又考慮到製造偽造貨幣這件事可能與當地官員也有密切關係，與兩廣總督交涉未必就可解決問題。最後他決定不如自己前往製造貨幣的地方找人，然後再直接會見兩廣總督方為上策。於是他跟警察署長說明，表示願意帶上會說華語的翻譯員深入村落，並且希望得到警員的幫助。署長馬上答應，幾天後即差遣名叫黃有的人前往協助。

這位名叫黃有的警官是香港當時優秀的警察之一，為了幫助南貞助緝拿犯人，他請求帶同自己最信任的男手下一同幫忙。1887 年 12 月 31 日早上，南貞助、幫忙翻譯的留學生山崎龜造、黃有，以及他的手下總共四人前往廣州。為了避免打草驚蛇，黃警官及其手下在廣埗街名利旅館投宿，南貞助和山崎龜造則直接前往英國領事館與領事見面，並交上香港總督所寫的介紹信。南貞助跟廣州的英國領事館表示，由於交涉的對手是清國官員，而廣州的英國領事館一直都與清國官員打交道，因此希望得到經驗豐富的領事館職員協助。英國領事表示已經從香港總督那邊了解情況，必定會全力幫忙日本政府，同時邀請兩位在城內的官邸住宿。可是南貞助是個相當細心的人，他擔心官邸距離沙灣遙遠之餘，在官邸裏住宿容易引起當地人懷疑，於是拒絕英國領事邀請，直接到另一間當地的旅館 —— 廣東旅館留宿。至於如何去現場，他們在英國領事館時已經拿出地圖，做好各種現場考察的準備了。

終於來到廣東並且分開行動的四人，首要工作就是調查偽造貨幣的流通狀況，以及它們傳播的途徑。南貞助認為這次事件跟錢莊有關聯，於是想出派遣留學生山崎、黃警官以及黃警官的手下三人去錢莊，用香港上海銀行的五圓去兌換一圓銀幣的方法。其後他又考慮到如果輕舉妄動恐有暴露的風險，於是命令三人到錢莊旁邊的商店買東西，讓店員去錢莊兌換。走了十幾家錢莊之後，他們對兌換回來的銀圓進行調查，結果正如南貞助所預料的一樣，有經常提供偽造貨幣的錢莊；至於從各個店舖經常出現的偽造貨幣來看，他們的偽造方法不僅完全一樣，而且與日本長崎縣發現的也無二致。因此可以斷定這些偽造的貨幣都來自同一個地方，而且錢莊跟這些偽造者必定有關聯。

比起現代的日本劇集中警匪鬥智的劇情更加精彩，因為當時清國南部依然是荒涼不毛之地，這四人組要是決定前往現場探測罪犯情況，若有人向錢莊洩漏消息或者被對方同黨知道，功虧一簣之餘可是有生命危險的。四人穿着清國人的衣服採購了七天糧食，再僱用一艘船悄悄向目的地進發。沿着珠江不久就到達沙灣，他們把船停泊在對岸再用渡輪前往。只見一條大道一直向北方延伸，前面五條街的建築物沒有可疑，再走五條街就出現一間茶屋，接着還有草叢、橋樑、墓地等。來到第 15 條街果然有三個看守人，突然向他們打探。黃警官不慌不忙表示有事要去村長家，馬上就要回到河邊。看守人沒有起疑，他們又走了五六條街，成功到達製造偽造貨幣的現場。那是僅僅有十來間房子的小村落，都是生產銅或青銅器皿的工廠，每一家工廠門前都有相應的裝飾，唯獨一家沒有，卻有很多工人在忙碌。他們馬上知道這裏就是他們要找的目標，於是迅速歸隊。離開村莊回到廣州之後，由於黃警官及部下已經完成他們的工作，香港也需要他們回去幫忙，所以南貞助就讓他們先行回港，並託他們給署長帶訊

息。沒想到水土不服的情況下，山崎得了病突然發燒，於是黃警官就擔當起照顧他的任務，陪同他回香港到醫院治理。南貞助失去了山崎當翻譯的助手，又找到另一位剛剛抵達廣東的日本留學生——大河平過來幫忙。這麼一來，原本的四人組只餘下南貞助及新來的大河平了。

當時的兩廣總督是著名的清末政治家張之洞。南貞助想委託英國領事一同前去談判，卻碰巧遇到英國領事臥病在床。為了避免夜長夢多，他決定單獨前去。1888年的1月13日，南貞助拿着一箱偽造貨幣跟張之洞見面，並且把事件一一陳述。由於事件似乎牽涉到村長和一部分村裏的官員，他希望得到清政府幫忙，迅速秘密緝捕犯人。張之洞對在他的管轄下居然出現這種事情感到苦惱及驚訝，表示會迅速下令緝捕那些同黨。可是由於張之洞明天必須前往瓊州，南貞助匆匆告別之後便把這些事情寫成書面公文，以便盡可能加快行政速度。第二天南貞助再次展現出驚人的辦事效率，迅速把公文送到總督船上。南貞助總算把接下來的事拜託給英國領事，1月16日跟大河平一起回到香港。回到香港後不久便收到來自廣東的英國領事1月23日的來信，原來在1月19日廣東省的警察已經大肆搜捕錢莊，把店裏的人一個不留地拘捕。可是其他同黨一直都沒有消息，於是南貞助在3月13日再次前往廣東找尋答案，得悉當時已經沒收了全部儲藏的偽造貨幣，並且命令順德那邊的官員拘捕四名主犯兼沒收偽造貨幣的器具。這次陪同前往的是之前水土不服的山崎龜造，黃警官他們並不在場。由於南貞助果斷的處事作風，這個跨國的偽造貨幣案終於得以解決。而他蒐集到的偽造貨幣大部分都送到外務省，至於這些偽造貨幣現在是不是還保留在什麼地方，已是無從考究了。

南貞助從1885年8月28日來到香港三年後，於1888年6

月 5 日請求回國，理由是在香港水土不服，身體欠佳。接管領事館事務的是齋藤幹書記。7 月 12 日早上，南貞助乘搭美國的汽船離開香港，雖然表面上這只是短暫的休養，但實際上他已經不會再歸任。他在香港工作期間，特別致力於日本的貿易擴張，例如 1886 年出差菲律賓，詳細調查當地情況，撰寫報告書，建議以香港為中心對清國南部及南洋實行貿易擴張。11 月 26 日，回到日本休養一段時間之後的南貞助改任農商務省商務局次長，也是當局對他在香港領事時代工作表現的認可。當時正值日本希望發展南洋貿易，南貞助絕對是合適不過的人選。

其後，外務省命令駐仁川的領事鈴木充實作為繼任人到香港，到任日子是 1889 年 3 月 4 日。當時除了齋藤幹書記之外，曾經幫忙偽造貨幣事件的山崎龜造、大河平都在領事館工作。

1915 年，南貞助走完自己 68 年的人生。世稱高杉晉作為「東行」，南貞助亦有「北行」之名。

05

上野季三郎

最盪氣迴腸的逃亡故事

❀ 一

如果要數明治年間最值得在中國歷史書裏留下名字的日本領事，上野季三郎實在當之無愧。百日維新、戊戌六君子政變、慈禧太后軟禁光緒等清朝末年重大的歷史事件，竟然都跟香港的日本領事有不可分割的關係？

上野季三郎，出生於 1864 年 3 月 6 日，卒於 1933 年 2 月 8 日。他出生在幕末時代的出羽國秋田郡，用現在

上野季三郎

的日本地理劃分就是秋田縣岩城町。他就讀的東京高等商業學校在前面的篇章中也曾出現過，正是安宅彌吉畢業的學校。不過上野季三郎在 1887 年畢業，跟安宅彌吉的畢業年份 1895 年有段差距，相信在學期間互不認識；但是當上野季三郎在 1898 年 1 月 25 日到達香港擔任日本二等領事時，安宅彌吉應該已經在香港日下部商店（日森洋行）工作，當時日下部平次郎也還在世。

上野季三郎在畢業後成為外交官，1892 年成為美國三藩市日本領事館書記，後來離開香港，在 1901 年到過德國擔任公使館書記，1907 年擔任澳洲的悉尼總領事。根據香港日本領事館紀錄，上野季三郎是在 1898 年來到香港擔任二等領事一職。他在任期間，清國發生了翻天覆地的變化。

滿州人建立的清國雖「馬上得天下」，以高壓、懷柔並施的政策以圖長治久安，可是來到船堅炮利的歐洲列強跟前，完全無招架之力，在內憂外患交纏下終於迎來黃昏政局。隨着北洋艦隊於 1895 年的甲午戰爭中全軍覆沒，「師夷長技以制夷」的洋務

運動宣告全盤失敗。從體制層面作出全面改革的呼聲甚囂塵上，當中以康有為、梁啟超師徒發起的「公車上書」與強學會的聲勢最為浩大，並得到光緒皇帝的認同與支持，史稱戊戌變法。由於只推行了一百多天便宣告失敗，又稱百日維新。除了以前香港中學會考的中文科課文〈敬業與樂業〉的作者——飲冰室主人梁啟超無人不曉之外，最為人熟悉的代表人物一定是康有為。他在倡導維新運動時體現了歷史前進的方向，但後來卻成為復辟運動的精神領袖，於 1927 年病逝於青島。

✿ 二

出生於 1858 年的康有為祖籍廣東省，雖然生於官宦世家，卻是科舉制度下的犧牲品。1879 年他結識翰林院編修張鼎華後，放棄八股文，轉讀《周禮‧王制》、《文獻通考》、《天下郡國利病全書》、《讀史方輿紀要》等書，以及西學書籍如《西國近事匯編》及《環遊地球新錄》。如同其他前往歐美留學或公幹的日本人初次到訪香港所感到的驚為天人，1879 年初來香港的康有為讚嘆「觀西人宮室之瑰麗，道路之整潔，巡捕之嚴密，乃始知西人治國有法度，不得以古舊之夷狄視之。乃復閱《海國圖志》、《瀛寰志略》等書，購地球圖，漸收西學之書，為講求西學之基矣」。如果說明治維新有參考英國殖民地香港城市建設的地方，也可以大膽推論康有為的百日維新也跟香港看到的景象有深遠的關係。康有為口中的兩本書在日本亦非常受歡迎，1862 年長州志士高杉晉作前往上海求購卻遍尋不獲，甚為氣餒。他在

日記裏曾經寫下「清人的思想和中華的正道相差太遠。清國知識分子陶醉空言，不尚實學」的慨嘆。筆者曾經到訪山口縣長州藩有明治維新之父之稱吉田松陰的故居，親眼見過《海國圖志》一書，至於另一位幕末年代的思想家佐久間象山更把此作品視為珍寶，寫下 20 萬字的讀書筆記。高杉晉作等人知道這本書的存在，亦不足為奇了。

康有為在 1879 年初次到訪香港後是否有再來過香港探望他人或購買西學書籍？歷史記載他第二次來到香港，已經是接近 20 年後的 1898 年 9 月百日維新變法失敗、慈禧太后重新掌政之日。戊戌年舉辦的維新運動只維持 100 天左右，隨着光緒帝被軟禁寫下休止符。1898 年 9 月 20 日，康有為倉皇逃離京城，當晚抵達天津塘沽，翌日再乘英國太古洋行商船重慶號（Chung-King）前往上海，三天後抵達上海吳淞口。上海接獲誣衊康有為弒君的消息，隨即把康有為的照片轉交英國駐中國上海總領事 Byron Brenan，並且要求對方協助逮捕歸案。上海總領事派出通曉華語的上海工部局職員 John Otway Percy Bland 到吳淞口攔截康有為，意外地他並沒有把康有為交給官府，反而幫助他登上英國公司旗下的皮瑞里號（Ballaarat）。在英國公使館的 Henry Cockburn 沿途護送下，於 9 月 27 日離開港口前往香港，兩天後安全抵達。有看法指出英國政府營救康有為是為了避免國際輿論責難，但亦不排除這是因為康有為主張清國與英、美、日三國合作制衡俄國，其親英的態度取得英國的信任，從而得到幫助。

話說回頭，9 月 29 日凌晨 5 時許，香港警察司梅含理（Francis Henry May）率領港府官員和著名商人何東乘坐蒸汽駁船在鯉魚門海峽等候皮瑞里號。當皮瑞里號駛進維多利亞港後，康有為便乘駁船在中環美利碼頭登岸。港督卜力告知康有為，如果害怕被暗殺或毒害可以先住在警察宿舍，於是英國公使館中文

秘書戈頌陪同康有為前往中環警署先行住下，總算離開清國的追捕，鬆一口氣。10月6日，何東把康有為接到他位於半山的府第「紅行」，並把康有為的家眷帶到香港。康有為對何東充滿感激之情，稱之為俠士；他在港期間亦結識了輔政司駱克（James Stewart Lockhart）並獲其照顧。

❀ 三

　　香港的日本領事館領事上野季三郎收到康有為來到香港的消息後，第二天便向東京的明治政府發電報。康有為雖然身在中環警署，不方便外出，但依然派出自己的弟子王覺任和何樹齡兩人到日本領事館打招呼。上野季三郎相當重視此事，下午即以個人名義去拜訪康有為。可惜因為當時中環警署的署長並不在，為了康有為的安全，兩人並未有見面。據悉，當時康有為亦已經與德國及法國領事館接觸。康有為透過弟子表示希望拜託上野季三郎將致駐清公使矢野文雄的電報發出，以求得到日本政府保護。不過上野季三郎卻直接把電報發到外務省，直接跟當時的首相大隈重信傳遞訊息。電報的內容是：「上廢，國危，奉密詔求救。敬詣貴國，若見容，望電復，並賜保護。有為。」其實康有為身上根本沒有什麼光緒皇帝的密詔，但在當時為求保命及得到國際社會支持，誇大其詞並非難以理解之事。日本對於這次慈禧太后發動的政變相當着緊，大隈重信特意向京城的駐清公使林權助發出電報，詢問有關清國皇帝已被謀殺或被迫自殺的傳言是否屬實。

　　搬到何東宅第幾天後，康有為又心生一計，他向上野季三郎

表示希望能夠在到訪英國及美國期間訪問日本，並希望得到日本政府的保護。經過日本政府的權衡思考，10月9日大隈重信致電上野季三郎，保證他在日本期間可以得到適當的保護，並且資助他350美元作為路費。（最初康有為要求上野季三郎資助1,000美元。）最後康有為化名夏木森，乘搭前往日本的郵船河內號，於10月25日抵達神戶港。而在康有為倉皇離開京城的第二天，也就是1898年的9月21日，梁啟超亦親自跑到日本領事館。駐清公使林權助不知如何處理，直接找伊藤博文商量。這位林權助來到清國之前曾經在韓國仁川工作，本是戊辰戰爭中落敗的會津藩士，雖然少年時曾經對抗明治政府新軍，但由於語言能力好再加上人面很廣，後來於新政府效力，在清國跟英國都有很高的聲望。在伊藤博文支持下，梁啟超接受林權助的庇護並乘搭日本大島軍艦，從天津駛往日本。梁啟超在10月16日抵達東京，在犬養毅安排下住進一年前孫中山曾經住過的早稻田鶴卷町40番地的住宅。由於梁啟超向來崇拜維新之父吉田松陰及其弟子、曾經到訪上海的高杉晉作，因而化名吉田晉。十天後康有為亦抵達東京。清政府對於日本營救維新派領袖感到憤怒，在日本山口縣下關市簽署《馬關條約》時已經跟伊藤博文交過手的李鴻章在9月24日設下鴻門宴，當面質問伊藤博文關於康有為、梁啟超等人的事情。伊藤博文表示應該根據《萬國公法》處置，李鴻章亦無可奈何。

如是者，維新領袖康有為及梁啟超就化身成夏木森及吉田晉，據說他們還曾經跟宮崎寅藏討論過如何訪尋日本浪人刺殺慈禧太后，筆者認為此舉跟日本幕末時代不無相似之處。

為了表示感激之情，康有為寫下七言律詩感謝伸出援手的上野季三郎：「橫飛金翅決青岑，不信神州竟陸沉。龍戰玄黃翻海水，鯤圖南溟動潮音。岱宗靈氣連員嶠，帝座星輝豁太陰。擊楫

感君相濟意，共看腰劍作龍吟。」駐香港的日本領事上野季三郎在時代變遷下，就此意外跳出英國殖民地跟康有為扯上關係，並且在清朝歷史上留下名字。

❀ 四

　　康有為、梁啟超能夠留在日本，很大程度是因為有大隈重信、犬養毅等人支援。犬養毅眼見康有為、梁啟超來到日本，於是出面表示希望兩人能夠與孫中山聯合，組成反清的組織。孫中山和陳少白亦希望與兩人見面。但是康有為以持有光緒帝的密詔為由拒絕。孫中山和陳少白隨即透過宮崎寅藏穿針引線，與梁啟超在東京早稻田大學商討合作。梁啟超在興中會橫濱分會會長馮鏡如的協助下創辦《清議報》，宣傳愛國救亡，鼓吹民權自由。只是好景不常，庇護維新領袖的大隈重信內閣倒台，山縣有朋新內閣繼之而起。在清政府壓力下，兩人被日本政府驅逐出境。

　　有關兩人被迫離開日本一事，與另一位在清朝歷史上相當著名的張之洞亦大有關係。事情回到 1898 年 10 月 6 日康有為離開警署去何東家當天，康有為在何東的翻譯下接受香港英文報紙《德臣西報》（*China Mail*）採訪，席間對慈禧大肆攻擊，還稱光緒已給他密詔讓他去英國求援，以便重掌政權。湖廣總督張之洞從報紙上看到訪問後極其震怒，隨即與日本駐上海代理總領事聯絡，要求驅逐康有為。及後大隈重信失勢，山縣有朋內閣便接受了張之洞的建議。

　　康有為後來去了英國，遊說英國政府協助光緒重新掌權不

果，後來只得流亡加拿大成立保救大清皇帝會，簡稱保皇會。梁啟超則去了美國三藩市，隨後也加入了保皇會。孫中山的革命黨和康有為的保皇黨壁壘分明，從此爭鬥了幾十年。後來孫中山在1911年回到自己的土地，成為中華民國臨時大總統；康有為則成為復辟運動的精神領袖，於1927年病死於青島。至於上野季三郎，之後還去了其他國家擔任領事，一直活到1933年。最早死的是孫中山，1925年便撒手人寰，在日本還留下了日籍妻妾大月薰及淺田春。

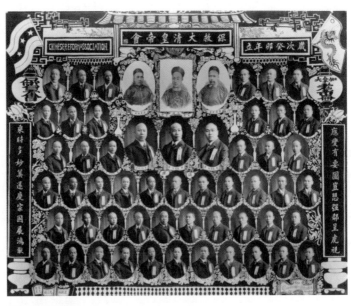

康有為保皇會

06

町田實一

致力推動清日貿易

1883 年 12 月 16 日，出生於今日鹿兒島縣的薩摩藩的九州男兒町田實一以領事代理心得的身份來到香港。到任之前他受命於當時的開拓長官黑田清隆，經常往返日本與清國，所以已有十年到清國出差的經驗。

町田實一出生於 1842 年，這一年香港在《南京條約》下正式成為英國的殖民地。有關町田實一的家庭背景沒有太多資料，可考的是他的太太是西村榮次郎的養女西村つま（Tsuma）。他們兩人育有長女町田ムメ（Mume），後來成為繼承町田家的養子 —— 井尻經宇的太太。跟外交官養父町田實一略為不同，井尻經宇改姓町田後，成為明治、大正的知名陸軍軍人，留名歷史。

町田實一在前往香港之前已經有多年與清政府交涉的經驗，再加上他赴港前一年的 1882 年 7 月 23 日，日、清、朝之間發生了壬午事變。舊稱漢城的南韓首都首爾發生士兵兵變，企圖推翻閔妃為首的政權。日本的軍事顧問及外交官被殺害，公使館亦受到襲擊。日本派遣四艘軍艦及士兵數百人前往朝鮮平亂，清國亦以宗主國身份派遣三艘軍艦及士兵 3,000 人抵達漢城。平亂後日本跟閔氏政權簽定《濟物浦條約》，至於袁世凱則擁兵 3,000 駐留，清國對朝鮮的控制明顯加強。事件過後，日本對清政府更有戒心，態度強硬。到達香港前半年，町田實一提議日清協調，開設商店及強化情報體制，但不獲採納。他特別提到漢口要開設領事館，並且要派遣清國留學生。終於到了 1885 年漢口領事館開設，町田實一離開英國殖民地香港，前往清國漢口繼續他的貿易，促進貿易大業。福州、廣東後來也開設了領事館，在清國的領事館數目達到甲午戰爭前新高，頻繁地調查各種商業概況。話說在前往漢口之前，1884 年身為領事代理的町田實一在到任的第一年已經多次前往廣東訪問，與兩廣總督張樹聲及巡撫倪文蔚

等人會面。即使到了後來，日本扶桑軍艦抵達香港，町田實一亦需要擔當陪同前往廣東訪問的工作。因此早在前往更深入的地區之前，其實早於香港在任期間他已經到訪過清國的土地，慢慢建立起他對其他省份的認識。他在香港期間，又寫成了〈香港輸入貨物價格高低表〉、〈香港市場日本貨品價格表〉。而這位外交官跟報社也有良好關係，有紀錄指出 1885 年町田實一離開香港前的 7 月 28 日，還專程前往循環日報社跟大家辭行。

離開香港前往漢口後幾年的 1888 年 3 月，町田實一在意見書中再次提出振興貿易，並要求外務省、農商務省擔當局長批准其要求。為了打破現狀，町田再次建議在清國漢口樂善堂嘗試販賣日本商品及推行以人材養成為目標的留學計劃。同年 7 月被否定後，不屈不撓的町田再次上書陳情，同樣得到否定的答覆。

然而，在香港兩年的見聞，再加上對清國貿易的熟悉，令町田實一成為後來輔助荒尾精設立日清貿易研究所的關鍵人物之一。1890 年設立日清貿易研究所的荒尾精在漢口樂善堂經營期間，曾經一方面跟清國的商人貿易，另一方面跟日本的阪神京濱貿易商社進行委託販賣。荒尾能夠在中國發展貿易，背後有離開香港後前往漢口擔當領事的町田實一提供農商務省的情報。町田實一雖然一直在海外擔當日本領事，但他同時是一位研究經濟與貿易發展的學者。

町田實一對貿易的重視可從他流傳後世的作品《日清貿易參考表》略知一二，此書成書於他離開香港前往漢口擔任領事之時。除了有輸出輸入品的種類及數量，書中亦紀錄了清國各港在留日本商人商店開閉年月及營業種類。當中還特別列有昆布及麝香的貿易調查數據，是研究日清貿易相當珍貴重要的一手史料。當時他非常看重的其中一位着重貿易、住在漢口的日本人名為荒尾精。

爐峰櫻語 戰前日本人物香港生活談

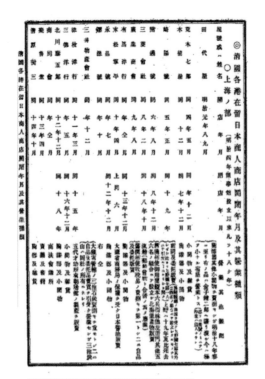

町田實一所著《日清貿易參考表》

　　日本陸軍參謀本部將校荒尾精認為要從白人的侵略中守護國家，必須使用貿易富國的理論。意思是透過日本與清國的貿易變得強盛，成為經濟大國，從而做到協同防禦抵抗白人。因此，荒尾精以漢口樂善堂為根據地，從 1886 年到 1889 年間對清國作了各式各樣調查，並且嘗試發掘可以振興兩國貿易的優秀人才。

　　為了在實際上改善與清朝之間的貿易現況，除了清國的商業慣例、度量衡，經營用的會計心得、事業展開，以及創業方法等都不能輕視。但以上的東西只是商業技巧，必須要從歷史文化基礎教育入手，才能夠徹底投身事業。因此英語及清國貿易所使用的語言，還有當地貿易貨品的調查、風土人情的理解，都是商

業學校的基礎課程。他同時向日本政府申請資金援助，最終於1890年在上海設立貿易研究所。到了甲午戰爭時，研究所在經營困難下倒閉。這些畢業生在戰爭期間擔當日本軍隊的翻譯及間諜，被清政府逮捕後處死，日本史稱「九烈士」。甲午戰爭後不久，荒尾精在台灣因感染瘟疫逝去，享年37歲。他貿易立國的精神其後被發揚光大，到了1901年，日清貿易研究所變身成為東亞同文書院。這個東亞同文書院的前身是東亞同文會。在東亞同文書院就讀的日本學生多次經過香港前往清國及台灣、南洋等地，途經香港時有部分就住在上一章中提到的松原治三郎經營的松原旅館。這個東亞同文會的會長是近衛篤麿公爵，比較知名的會員還有著名的京都學派漢學家內藤湖南、支持辛亥革命的宮崎滔天、後來成為漢奸川島芳子養父的川島浪速、漢口樂善堂的創辦人岸田吟香等。東亞同文會各支部主任長期派駐中國各地，當中包括北京、上海、漢口、福州、廣東。1939年，東亞同文書院搖身一變成為東亞同文書院大學，不過二戰之後的1945年就被廢止了。

雖然說町田實一以外交官身份給予荒尾精不少情報，幫助建立了日本與清國貿易的橋樑，但實行始終需要資本。荒尾精得到町田實一的支援外，岸田吟香的名字也不能忽略。岸田吟香一名來自陸游詩句「吟到梅花句亦香」。他的名字對於現代人來說相當陌生，但香港人越來越喜歡的"TKG"（卵かけご飯）生雞蛋拌飯可是由這位岸田吟香在150年前的1872年致力推廣。不過他並不是日本歷史上最早用生雞蛋拌飯的人，據《御次日記》記錄，早在江戶後期的1838年，明治維新強藩之一的鍋島藩已經有「御丼生卵」的餐單。

在町田實一還未成為香港的日本領事之前的1977年，岸田吟香在東京的繁華街銀座開設樂善堂，成為知名的藥商。成為藥

房東主及投資者之前的他是《東京日日新聞》發行所的職員，比起普通商人，對社會時事有一定認知。1880 年，他遠渡上海開設樂善堂分店，取得成功。為了拓展未來兩國之間的貿易，在中國各地開設分店的樂善堂大力支援希望前往清國發展的年青人，當中就以荒尾精的名字最為響亮。岸田吟香本人亦為促進兩國的貿易前景，於 1880 年創立了興亞會，1883 年改名亞細亞協會。其中一位幹事曾根俊虎漢學根基深厚，曾經在 1880 年 4 月底乘搭日本比叡軍艦前往香港，並在四月底跟香港著名學者、報人王韜同席。王韜以長歌贈行，曾根俊虎亦以長歌和應。還有另一位核心人物對香港人來說亦絕不陌生，正正就是跟土方歲三在箱館戰爭奮力對抗明治新政府後歸順的榎本武揚。他曾經贈送日本酒給另一位香港領事、我們另一節的主角安藤太郎，間接促成日本禁酒同盟的誕生。

町田實一從出差中國到成為香港、漢口領事，少說也有十多個寒暑。他寫下了詳盡重要的兩國貿易資料，又多次陳情上書，為什麼都沒有得到重視呢？有日本學者認為，19 世紀後期明治政府外務省最關心的根本就不是對清國拓展貿易，而是跟其他列強之間的不平等條約修正事宜。日清兩國最後並沒有遵循他們的目標往好的方面發展，1894 年爆發的甲午戰爭，讓清國與日本的關係跌到新谷底。雖然在日本的歷史中，岸田吟香和荒尾精的定位是為推進貿易不遺餘力的開拓者，但在中國的歷史書中卻成為培訓間諜的日本人。這也是不同國家、不同角度的看法了。

上文提到的東亞同文書院在 1945 年停辦，承繼的就是現在的愛知大學。以上部分資料來自愛知大學名譽教授藤田佳久老師（地理學系）的研究論文。他同時是愛知大學東亞同文書院紀念中心的前會長。町田實一、岸田吟香、荒尾精等人 100 年前種下的種子，一直後繼有人。

07

船津辰一郎

親歷香港反日運動

　　船津辰一郎的大名，在日本駐香港領事館的早期領事中可說最為響亮。從 1908 年 5 月 5 日到香港成為副領事，後來升為領事及總領事代理，一直至 1912 年 2 月 27 日今井忍郎到任，中間雖然曾經離港，船津辰一郎斷斷續續也在港逗留了大約四年的時間。他人生最備受爭議的研究部分主要集中在戰爭期間，尤其他曾經以中國通身份擔任過汪精衛政府的顧問。戰後對於兩國的紡織業都有非常重大貢獻的船津辰一郎，戰前為兩國的和平奔波，史稱船津和平工作。直到今天他的孫子 —— 1952 年出生、現年 71 歲的船津康次亦繼承家業，於 2023 年的今天還在擔當日本中華總商會理事，促進兩國的和平與貿易繁榮。

　　船津辰一郎出生於 1873 年 8 月 9 日，家鄉是佐賀縣白石町。他早年求學於佐賀松陰學舍，少年時代漢學成績優秀，雖然希望到海外見識卻遭到父親反對，於是在家鄉成為代理教師。可是始終敵不過自己夢想的呼喚，16 歲時離家出走，徒步兩天去到當時日本對外最大的窗口 —— 長崎縣。成功在長崎縣找到工作的船津辰一郎在同鄉推薦之下成為竹野敏行的書僮，後來成為前往北京工作的大鳥圭介大使的書僮，一同前往外國。1895 年到 1896 年，他是日本駐華大使館的翻譯學生。後長年在清國生活，但船津辰一郎對長崎縣抱有濃厚感情，曾經多次歸鄉。而他就是在這段期間開始寫日記，這絕對是中日關係史的重要史料，可是這本日記目前還沒有被找出來，是相當可惜的事情。

　　年輕的船津辰一郎在當時北京主要的業務是實地考察。1905 年日俄戰爭結束後，日本在國際舞台上一鳴驚人。作為漢語優等生的他活躍於甲午戰爭及日俄戰爭後日本得到的勢力範

圍，經濟發展狀況調查工作亦遊刃有餘。1906 年，33 歲的船津辰一郎成為南京第一代領事，同時間與小倉花枝結婚。婚後夫婦關係和諧，陪伴丈夫駐守南京的花枝因生育回國時，船津辰一郎曾經在日記中寫下「寂寞得連米飯都沒有味道」的句子。作為外交官及日本領事，船津辰一郎與中國的重要人物，包括孫中山、張作霖、張勳等都有來往。在反日情緒高漲的日子，有促進和平的作用。我們透過昭和初年香港老日僑竹田直藏的憶述，可以知道當時住在香港的日籍居民對於船津辰一郎的看法：據說在眾多的日本領事中，他是最親民的，無論年尾還是新年都會致力於與比較富有的上城區和比較貧窮的下城區居民共處，無論是誰都能跟他愉快合作。有人說灣仔一帶當娼的唐行婦社會形象不好，他還會盡量去矯正她們的衣着。

在歷史書中，船津辰一郎的名字往往與「船津和平工作」擺

船津辰一郎

在一起。1925 年，52 歲的船津辰一郎辭去外交官的工作，成為
日本紡織業聯合會的顧問。這時日本與中國剛好因「二十一條要
求」陷入最惡劣的關係，位於中國的日本紡織企業也成為反日運
動的目標之一。中國通船津辰一郎總算在 1929 年的山東杯葛運
動與 1932 年的上海杯葛運動中成功守住日本的紡織企業。在跟
中國政府進行和平交涉期間，日本軍部陷入交戰狀態，兩國交涉
最終失敗。1940 年，船津辰一郎受松岡洋右外相委託，擔任促
進重慶政權和平的工作，但再次因為日本軍方介入無疾而終。當
時時局已經朝着世界大戰的方向發展。船津辰一郎在如此危險的
情況下依然選擇留在中國，最後在 72 歲之年迎來日本戰敗的消
息。為了幫助留在中國的日本人返回日本，這位 70 多歲的老人
發揮餘熱，以上海為根據地四出奔波。在心力交瘁與工作過勞下
終於不敵病魔，於 1947 年走完 73 年波瀾萬丈的一生。

二

　　在之前香港日本人墳場的篇章裏，曾經提過 1908 年引起兩
國外交危機的二辰丸事件中的照峰廣吉船長在 42 日拘留期間得
了急性肺炎，最後在 3 月 20 日撒手人寰，下葬於香港跑馬地日
本人墳場。船津辰一郎來香港前曾經在南京擔任領事，恐怕早就
知道這起事件。我們透過陳湛頤與楊詠賢編著的《香港日本關係
年表》，可以讀到當時香港的概況。

　　3 月 24 日，船津前任的領事館事務代理益子齋造致電外務
大臣林董，指出香港街上出現杯葛日本商品的標語，不過香港的

警察一看見便把它們撕掉了。根據《華字日報》的報導，後來香港又有三人因為貼「不用日貨」的街招被捕，每人都要繳付罰款。當時中環一帶的洋行對抵制日貨都很同情，但是真光、和平、先施、廣生號門外都貼上標語，石塘咀的酒樓亦拒絕使用日本海味。除此以外，廣東自治會也派人來香港遊說香港本地的商人參加罷買同盟。後來永安街的疋頭行商也決定暫時停售存貨中的日本布料，連米行都呼籲外地供應商運送貨物時切勿使用日本輪船。南北行亦決定排斥日貨，並公佈四條規約，可惜詳情已無從稽考。華安公所亦宣佈加入杯葛行動，這對當時日本郵船、大阪商船、東洋汽船等好不容易才在香港立穩的日本航運企業造成沉重打擊。有見及此，益子齋造曾經致函港府，對香港的排日運動表示遺憾，並會見民政長官要求取締。可是事件並未結束，到了4月22日，日本《朝日新聞》駐香港記者致電回國，稱「華人抵制日貨是外國人慫慂所致」；到了5月1日，西方商人又透過《華清報》表示「現在華人商人訂單聲明無論什麼貨物都絕對不能用日本輪船託運」。至於在香港的日本人則透過同報記者訪問，透露相比起華人及在日本的華商，日本企業所受的影響較少，實際蒙受損害的其實是華人商人。例如以火柴來說，日本當時最大的火柴局是華資的，華人自製火柴的材料亦來自日本。不過由於這次反日活動主要是在南方，北方省份依然毫無動靜，所以還未算造成非常大的傷害。當時香港的華商同仇敵愾，使用日本貨會被其他同行唾棄或者杯葛，例如在船津辰一郎抵任前一日，某南北行藥材店就因為存有日本藥材，最後在同業公議下被罰款，否則日後不與其進行交易。

船津辰一郎就是在這樣的歷史背景下來到香港。抵達香港的第二天，《華字新聞》引《每日新聞》表示雖然日本輪船的貨運減少，但仍無大礙。不過東洋汽船會社屬下以往載華工到美國的

船津辰一郎（孫中山右側）

三艘輪船──日本丸、美國丸、香港丸卻是生意大跌，無一乘客。往後幾個月，船津辰一郎才剛剛適應香港，英國政府便透過駐英大使致函外務大臣林董，表示香港的殖民地政府已經盡力防範反日活動，日本的外務大臣小村壽太郎其後再次訓令新到香港的副領事船津辰一郎，指事件已經越來越嚴重，從杯葛日本貨物到強制徵收違約金到敢死隊威迫行動，船津遂在小村壽太郎指示下再三向香港政府交涉。小村壽太郎口中的「敢死隊行動」並不是空穴來風，10 月底就發生了駭人聽聞的不幸事件：買賣日本海產的昌盛號員工被人切去耳朵，並用鐵棍毆打至重傷。《清季外交史料．光緒朝》就有兩廣總督張人駿致電外務部的紀錄：當時華商為了抵制日本貨品，無所不用其極，除了威脅傷害購買日本貨的同行輕則割耳重則取命，亦以政治諷刺漫畫冷嘲熱諷，例如畫上一個太陽，旁邊畫犬無數，犬身寫「香港」二字。

❀ 三

　　益子齋造脫身得快，繼任的船津辰一郎上任不到半年便遇上
11 月 1 日因二辰丸事件帶來的持續反日情緒觸發的香港暴動。
最初是在香港的日本人多方挑釁，激動眾怒；群眾闖入位於高
陞街儲藏日本貨物的倉庫掠奪，警察到場拘捕 22 人。下午另外
三間倉庫亦被闖入，有群眾將貨物拋進海中，警方又再拘捕 9
人。船津辰一郎趕到現場，局面大致恢復平靜。可是大家未能鬆
一口氣，到了晚上暴亂再在西環一帶爆發，數十人到西營盤高陞
街 78 號及 80 號貨倉掠奪，警方當場又再拘捕 19 人。西營盤一
帶日本人開設的商店被搗亂，荷李活道店舖的門窗多數被毀，
貨物滿地，警方出動 200 多人鎮壓，事件持續到深夜方平息。
香港政府 1908 年的年報收錄了警務處處長的報告，從中可知 11
月 1 日的暴動最終拘捕人數為 120 人。華文政務司處的報告則
指出廣州救國會於黃昏曾經派出 40 人潛入香港，並於第二日策
動暴亂。果然到了 11 月 2 日早上，群眾再度聚集鬧事。早上，
皇后大道中水車館附近有一店舖被人群湧入將雜物摧毀，乍畏街
134 號全昌洋貨店亦遭到蹂躪，事件中警方拘捕 8 人。到了接近
中午，群眾再次聚集於中區主要街道，應日本領事館的要求，警
方加派人手守護三井物產的貨倉。到了下午，國際酒店附近爆發
暴亂，近千人向警員擲石、磚塊及雜物，警方最後開槍鎮壓，造
成五人傷亡。眼見警察不足以控制市況，政府遂調出兩隊英軍平
亂，一向文咸街、一向皇后大道西，正副緝捕官同時出動。軍隊
向群眾宣讀禁亂例文，其後群眾平靜散去。

　　英國政府從來做事都快狠準。11 月 3 日香港總督盧吉隨衛
隊巡視騷亂之地，下午議政局開會時，港督宣佈 1886 年頒佈的

《保安條例》（The Peace Preservation Ordinance）當中包括將擾亂治安的人遞解出境的條文。這次暴動歷時三天，被摧毀的日商達數十家。因參與暴動遭到拘捕的其中 33 人判囚三個月以上、四人判囚六個月以上。在港府強力鎮壓下，杯葛日本貨物的運動逐漸瓦解，但是透過船津辰一郎在 11 月 11 日向小村壽太郎呈交的報告得知，發生暴動後駛往廣州的船隻，不論是中國船還是英國船，都拒絕運送日本的海產。至於香港政府的態度則繼續強硬，決定把參與暴動的華商驅逐，向他們簽發了遞解狀下令離開香港。其中一位被迫離開香港的華商陳杏橋只得屈服，向華民政務司及日本領事館求情，獲撤銷遞解令；至於同樣收到遞解狀的商報記者伍憲子則向坊間發佈留別同胞的長文，指控殖民地政府的做法不文明。他的抗辯得到普遍香港華人的同情支持，香港政府突然將伍憲子釋放，並且獲華民政務司邀請到中文報館會談，聲稱只要再無暴亂發生，就不會再驅逐一人出境。到了 12 月 28 日，殖民地政府宣佈撤銷 11 月 3 日頒佈的《保安條例》，香港史上首次的反日活動終於告一段落。

從以上事件看來，英國對反日運動的立場似乎相當強硬，一方面為了平息殖民地土壤上的風波，另一方面也是對盟友日本表示支持。不過，英國殖民地政府並非盲目地幫助日本在香港的經濟發展。例如在反日運動下日本的棉紗受到抵制的影響全無銷量，日本棉紗商會就曾經發出傳單，表示會把彩票放在花紗包中，迎合華人好賭心理。輔政司隨即通知日本駐港領事，指這種做法干犯賭例。不過後來輔政司亦再次致函商會，聲稱警方目前仍未發現紗棉中藏有彩票。

1908 年，對於當時居於香港的日本人來說並不是好受的一年。根據《第 28 回大日本統計年鑑》記載，當時居住香港的日本人共有 881 人，其中男性 446 人、女性 435 人。這一年的年

底，日本領事館亦由皇后大道 5 號遷往康樂道 2 號太古洋行左邊。往後一年的 10 月，日本駐香港領事館升格為總領事館，而經歷過香港史上首次反日運動的領事船津辰一郎亦成為總領事代理。船津辰一郎在任期間，京都西本願寺的大谷光瑞、音羽艦的秋山真之艦長、德川本家第 16 代當主德川家達都曾經到過香港。

第三章

花落散聚兩不知

❀ 小序　早期居港日人生活面面觀

　　吾友劉國偉先生醉心香港歷史研究，《爐峰櫻語：戰前日本名人香港訪行錄》得以成書，亦要歸功於阿偉在長春社期間邀約本人作有關夏目漱石香港旅程的講座。阿偉曾經在網上發表〈西營盤歷史文化徑〉一文，提及現今的西營盤賽馬會分科診所是昔日香港性病醫院（Lock Hospital）及國家醫院所在地。這間 19 世紀位於西營盤的醫院，為染上性病的海員及妓女提供治療，同時政府亦規定妓女需定期驗身，以控制性病傳播的問題。

　　香港開埠後作為貿易港，吸引大量商船來港停靠，娼妓行業因此應運而生，為海員提供性服務。而當中除了有來自北面大國窮鄉僻壤的不幸婦孺，還有為數不少來自東瀛的女性。這些女性在日本稱為「からゆきさん」，一般香港歷史研究者會稱之為「娘子軍」。我個人傾向把「から」和「ゆき」還原為原本漢字的意思——唐行，翻譯成「唐行婦」。這些女性在早期香港日本僑民中佔為數極高的比例，再加上有其他行業同時依附這些女性而衍生，形成「唐行婦經濟圈」。因此研究 19 世紀中葉到戰前日本僑民在香港的生活時絕對不能忽視。

　　對於生活在 21 世紀的香港人來說，在香港要吃日本料理有非常多的選擇，要昂貴要正宗要特別要罕見都有。150 年前最早期的日本料理又以怎樣的姿態在香港立足？服務業號稱世界第一的日本，早在香港開設日式旅館。這些旅館又是否有今時今日賓

至如歸、顧客至上的服務水平？近期日圓匯價大跌，香港人急忙掃貨，品質優良的日本貨品，早期是否也同樣高質素，得到香港人的歡心？在沒有廉價航空滿天飛的年代，這些人又何以九死一生冒險前來發展？

以下五節我將用拼拼圖的方法，透過湊合為數不多的歷史資料，為各看官還原明治、大正、昭和初年日本僑民經歷過的老香港。

✿ 色情行業

色情行業是世界上最古老的行業——人人都是這麼說的。可是在「口輕輕」講出這句話的同時，我們是否已經忘記這些被淹沒在歷史巨輪中悲慘女性曾經歷過的傷害與痛苦？

明治維新的成就一直被歌功頌德，但「朱門酒肉臭，路有凍死骨」。在繁榮亮麗的背後，有平民百姓被迫下海維生。這個「下海」不是單純去星期四島嶼下海找尋珍珠，而是先下海到香港，再「下海」成為娼妓。

讓我們從 1841 年香港島割讓英國成為殖民地開始講起。1841 年，香港島上的居民僅僅 2,000 人，在 2,000 人當中是否有娼妓，我們沒有足夠資料。但是自從成為英國殖民地之後，香港移民顯著增加，娼妓就逐漸增多。1845 年，曾經發生過一件官員收取娼妓賄賂被告發的事，最終以娼妓被驅逐離境告終；1847 年，亦有紀錄顯示有從澳門前來香港工作的娼妓。與其強硬趕走，香港殖民地政府採取另一種方式去應付：自 1845 年 6 月

起，香港政府認可娼妓存在並向每個妓院徵收每月 5 元、娼妓每人 1.5 元的稅項。當時香港共有 31 間妓院、娼妓百多人。但由於徵收稅項的措施受到英國本土政府干涉，兩年之後的 1847 年就被廢除了。

1857 年，由於來往香港與世界各地的海員及英國水兵感染性病的情況嚴重，政府在海軍當局提議下公佈了第 12 號條例《花柳病檢查條例》。後來在 1864 年 1 月 9 日又在西角建立了性病醫院，患病的船員都被送到此地治療。有關西角（West Point）的位置，一般都會說是在薄扶林道與皇后大道交界，今日西區警署的附近。長春社做的西營盤研究則指出現今的西營盤賽馬會分科診所正是昔日香港性病醫院及國家醫院所在地。跟其他殖民地一樣，香港的英國殖民地政府在西營盤設立的性病醫院稱為 Lock Hospital，除了為染上性病的海員提供治療，亦會醫治患有性病的妓女。同時殖民地政府亦規定妓女需定期驗身，以控制性病傳播的問題。

醫院建立後過了幾年，1867 年又再次修正了 1857 年的條例。香港政府嚴格限制娼妓登陸，並規定要作身體檢查。另外根據 1879 年 11 月 18 日立法會的決議，向妓院娼妓徵收營業稅 —— 此舉等同直接承認娼妓制度，同時把娼妓分為公娼與私娼兩種。只要是公娼，就可以在政府提供的場地以繳交營業稅的方式招攬生意。外國的公娼一般在中環荷李活道及灣仔的春園街，至於日本的公娼則就集中在中環，後來並伸延至灣仔海旁東部。在結志街 5 號和 7 號就有兩間日本人的娼館，比灣仔的高級。至於華人的則在上環水坑口及九龍的油麻地，後來 1903 年搬到石塘咀。由梅艷芳飾演如花、張國榮飾演十二少的電影《胭脂扣》，其背景就是石塘咀，石塘風月的講法也是由此以來。

表面上我們在歷史書上讀到明治維新之後日本全國歌舞昇

平、國富兵強，實際是農村裏貧窮的家庭吃不飽穿不暖，有些女孩子被父母賣走，也有一些被迫販賣到南洋及其他地方賣淫。這是明治政府不願意面對的黑歷史，但它們確實存在。之前日本領事林道三郎一節中曾經提過有關奴隸船事件，清朝的男人做奴隸被賣到遠方尚且得到列強及明治政府的幫助，最終安全返國，可是在日本妓院的女性卻連畜生都不如。比起賣到吉原等花街柳巷之地更淒涼的，大概就是放入煤炭船送往海外的女子。雖然這些婦女在香港的歷史不容易考究，但是日本向外發展的先驅是這些婦女卻是可以肯定的。

1974 年 11 月 2 日，日本有一套震驚社會的電影上映，電影的名稱是《サンダカン八番娼館・望郷》，中文直接翻譯為《山打根的八號妓院》或者直接簡稱《望郷》。山打根是馬來西亞的地方，電影講述一位住在都市的年輕知識分子圭子為研究女性歷史，在遙遠的天草找到曾經被賣往外國再回流的貧窮老婦サキ（Saki）。飾演老婦的昭和神級女演員田中絹代，完美地把橫跨明治、大正、昭和三代的唐行婦悲慘一生娓娓道來。注意《望郷》的背景雖是山打根，但這些婦女的目的地可不單純只有馬來西亞，還包括新加坡及香港等地。電影中講到山打根的妓女過身之後就地埋葬，真是淒涼之至。

其實在香港跑馬地日本人墳場也有一位唐行婦跟電影中的老婦同樣名叫サキ，她是在中環嘉咸街 27 號的妓院工作的 31 歲女性木谷佐喜（サキ）。根據《德臣西報》（*The China Mail*）1884 年 6 月 10 日的紀錄，木谷佐喜收到父親死亡的消息後，情緒不穩地離開店舖，翌日早上維多利亞港就有穿着和服的女性屍體被發現，經警方證實正是木谷佐喜。妓院的姊妹們籌錢合力為她築墓，墓碑以英文書寫「為朋友立墓」，在小小的台座上，寫下名字的女性總共有 62 人。

對於這些不幸的女性，當時的日本政府是什麼態度呢？電影拍攝的 100 年前正好就是這些女性水深火熱之時，我們得知當時的駐香港日本領事、在之前章節中破獲偽造貨幣集團的南貞助，原來就曾經在 1885 年接到日本外務省的命令，為了國家形象必須令香港的日本妓女數量減少，並指示他要向英國殖民地政府尋求援助。但殖民政府聽取南貞助轉述的請求後，僅僅對日本的公娼作出有限的限制。這是因為當時公娼制度早就確立，只要交稅，誰都不能限制她們做生意。

　　若翻查更加早期的紀錄，1880 年香港的日本僑民有男性 26 人、女性 60 人。這 60 名女性是否都是男性的家屬，我們無法知道，但不排除這當中有十多名是唐行婦。1885 年有八家妓院，日本僑民共 147 名。除了三井物產之外，正正經經從事貿易的還有一些雜貨、陶瓷、絲綢商人，其他飲食店、理髮店、旅館等，或多或少都是跟色情行業相關的服務業。換句話說，當時居住在香港的超過一半日本人某程度上都是圍繞色情行業討生活。需要留意的是，這裏計算的數目不過是公娼數目，如果把私娼也計算在內，數字可能會更加驚人。1891 年曾經有公娼向政府投訴說有私娼在日本旅館秘密賣淫，政府立即派員調查，避免再生事端。也許正因為香港政府聽從領事意見，對日本的公娼數量加以限制，才加速了私娼的出現。接着又有在日本人咖啡店工作的日本女性在醫院被驗出性病，衛生局又再次提出日本私娼的問題。香港政府為了防止疾病再度蔓延，連忙向日本副領事宮川久次郎尋求意見，表明如果日本政府不再堅持的話，不如就撤回政策。宮川久次郎深明日本政府與外務省的期望，唯有回覆說衛生問題確實重要，但只為一個病人就破壞原先政策也未免遺憾。最後兩邊互相退讓一步，從限制絕對數量改成限制到適當的數量。根據紀錄，當時香港這彈丸之地的日本妓院共八間，有 52 人在此工

作，到了 1900 年左右已升到 13 間，總數 132 位妓女。

我們可以看看 1900 年香港的日本僑民從事色情行業的資料：

結志街 5 號	中村しか	僱用女性 11 人
結志街 7 號	山本ひさ	僱用女性 12 人
洋船街 1 號	松本さだ	僱用女性 13 人
洋船街 3 號	矢田運造	僱用女性 6 人
洋船街 5 號	奧田てる	僱用女性 11 人
洋船街 9 號	今福はつ	僱用女性 8 人
洋船街 11 號	福永きわ	僱用女性 11 人
洋船街 13 號	林きち	僱用女性 13 人
洋船街 17 號	濱崎とも	僱用女性 8 人
洋船街 19 號	池崎もと	僱用女性 13 人
洋船街 23 號	森田いえ	僱用女性 8 人
洋船街 25 號	稻本きくの	僱用女性 10 人
洋船街 27 號	出口氏	僱用女性 8 人

合計 13 間妓院，僱用女性 132 人。

從以上數據可以得知，日本公娼都集中在結志街及洋船街一帶。再看看門牌號數，這些建築物坐落於同一方向，連成一線，形成一條「尋芳之路」。根據 1901 年日本僑民的住址紀錄，我們還可以發現為了要讓這些女性順利工作，尚出現了一些輔助的行業例如梳頭匠。留意這職位並不同於一般的理髮師，即使在今日京都仍有此配合祇園舞妓、藝妓工作的輔助行業。梳頭匠使用日本傳統的結髮技術，例如用水引[1]去結名為高島田的髮髻。上文的洋船街 19 號僱用妓女 13 人之外，就還有稱為東やす的女

1 　一種繩狀的傳統工藝品。

性梳頭匠同住。

在拙作《爐峰櫻語：戰前日本名人香港訪行錄》夏目漱石一節中，曾經提過預備前往英國留學、年僅33歲的夏目漱石在香港上岸後被帶到中環德輔道的鶴屋旅館。夏目漱石在這裏看見衣衫不整的日本婦女，感覺很不舒服，便馬上離開。估計夏目漱石當時遇見的婦女，就是在旅館偷偷賣淫的日籍私娼。這間旅館的負責人是石崎增次郎，旅館除了做販賣婦女、操縱賣淫等勾當，還參與過偽造貨幣事件，正好就是跟南貞助有關連的跨境大案。

1918年來到香港灣仔的河東碧梧桐也曾去過灣仔的私娼集中地並留下紀錄：不論中式或西式的房子，都用磚瓦蓋建，地上鋪着榻榻米，房間裏面有西式的睡床和化妝鏡。只要離開榻榻米空間，就要穿上鞋子。因此房門前總雜亂無章地堆滿木屐和鞋

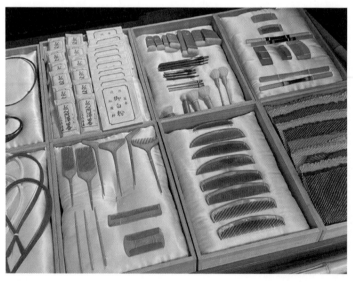

傳統梳頭器具（攝於大阪生活今昔館）

子。日本的酒杯放在美國製的鐵盆上、日本的飯菜用中國筷子進食。工作時她們穿着日本的織物友禪[1]也許是男士對於女性的髮型不太認識，河東碧梧桐雖然講得出友禪和單衣，卻沒有透露唐行婦們是否如明治年間一樣，頂着梳頭匠親手梳的高島田髮髻。

駐香港的日本領事館就是日本外務省的代言人，他們對於日本娼妓的事從來未有鬆懈。南貞助、宮川久次郎都無法順利解決的問題，到了在日本僑民中名聲相當好的船津辰一郎手中，依然一籌莫展。不過根據僑民們的記憶，船津辰一郎對這些不幸的女性算是最仁慈的，探訪她們的時候還會讓她們整理好衣服不至於衣衫不整，大概是在有辱國體中盡量拾回尊嚴？相比起力數僑民商業頭腦缺乏、貿易技巧低劣，導致必須倚賴唐行婦支持經濟的宮川久次郎，船津辰一郎這種做法的確是很親民的。但是無論日本外務省如何努力，合法的公娼抑或非法的私娼，都源源不絕地經由蛇頭採用各種策略秘密輸送到南洋東亞各地。

我們姑且以 1892 年為例子，了解將婦女偷渡到香港的猖獗情況。2 月 11 日，五位日本婦女乘坐德國船從長崎縣偷渡來港。3 月 10 日，兩位日本婦女乘坐德國船從神戶偷渡來港。3 月 14 日，再有四名日本婦女乘坐英國船從門司港偷渡來港。熟悉日本地理的人都會知道，即使在 21 世紀的今日，長崎縣本來就在海邊，神戶是關西地區的門戶，門司港則是北九州的大港口。別忘記這些只是歷史上被識破且記錄下來的偷渡，那些沒有被發現、偷渡成功的可能早就被送到私娼寮去了。

19 世紀末期到 20 世紀初期在香港長時間居住的日本僑民竹

1　一種名貴的和服布料。

2　一種相對便宜的和服。

田直藏，曾經經營竹田西服店。他在昭和初年的日本僑民座談會上曾經分享過他年青時救助被拐帶到香港的日本婦女一事：有天竹田家突然跑來一個廿六七歲的女人，原來這個女人因為要由三池（估計是福岡縣大牟田盛產煤炭的三池）趕去丈夫所在的若松（估計是今福島縣會津若松），先在碼頭被欺騙上船，再被關進煤炭倉庫，就這樣被帶到香港來。她被賣掉後向他人求助，最終打聽得竹田直藏的地址。竹田直藏把這名女人帶去日本領事館，最後在領事館安排下成功回到日本。類似的事情竹田直藏也見過不少，除了以上被活生生拐帶的例子之外，根據竹田直藏本人的認知，大多數的蛇頭把女人從日本帶走的時候都說是去漢口，因為只要一天就可以到達。這些女人首先會被送到澤田或者鶴屋，然後穿上和服。有次他看到被政府捉拿的女人，前面有四個華人警察，左右兩邊還有六個印度人警察護衛，被蒙着臉的女人連一雙鞋子都沒有。她們被鎖起來連環繫着，隈部軍藏書記官就跟在後面一起去中央警署。這些都是船員與蛇頭勾結，利用裝煤炭的船偷運來港的女人。隈部軍藏於 1906 年 4 月到任，因此可以推斷竹田直藏的回憶大概就發生在這段期間吧。上面提到的電影《望鄉》女主角被賣到山打根則是再之後的一年。

講到將被拐帶的婦女送回家鄉，就一定要提保良局的發展。《保良局百年史略》記錄了 1894 年 5 月 1 日，華民政務司駱克曾經聯絡保良局，表示有日本女子被巡捕送往保良局暫住。到了 8 月 29 日，又送來日籍女子一人。接着到了 12 月 2 日，駱克又把 12 名日本女子移送保良局暫時收養。最初在 1872 年有華籍商人及社會名流聯名請求禁絕逼良為娼及販賣婦女，後來在 1878 年創立了以「保赤安良」為使命的保良局，並於 1879 年 5 月正式成為合法團體。從 1878 年到 1891 年，共有數千名婦女獲救。現時在銅鑼灣的保良局博物館，還珍藏着 1898 年 6 月 17

明治政府贈送予保良局的紀念品（圖片由保良局提供）

日，日本明治政府轄下的賞勳局為了答謝保良局收容並送返被拐帶及私自逃亡的 40 多位日本女性前後贈送的獎狀。除了獎狀之外，還有桐紋的銀杯一隻。保良局其後亦致函向日本道謝，函件由華民政務司署轉交。

在近半個世紀，芸芸的唐行婦之中，有沒有自願為妓，或者最後衣錦還鄉的呢？在偷渡的婦女當中，的確有情願罰款都不願意回鄉的女性。他們可能是覺得沒有面子回鄉，也可能是家鄉實在太窮困，希望到香港尋找一條活路。竹田直藏也聽聞過曾經有一位受歡迎的女人透過賣淫得到很多財富，賺了三年錢就拖着四個大箱榮歸故里；在河東碧梧桐《大正中國見聞錄集成》卷七裏面的香港遊記，也有講述他以前在肥前（今佐賀縣及長崎縣一帶）島原見過的歸國唐行婦，可以跟《望鄉》電影逐一比較。在河東碧梧桐的印象裏，有些帶着巨額財富回國的唐行婦住在牆壁塗抹得像宏偉的倉庫一樣的房子裏。這跟電影中サキ把錢都送給兄長興建漂亮房子脫貧的情況一模一樣，不過電影中的サキ沒有那麼幸運，老了的她受到其他村民歧視，只能住在最殘破的房子裏面。當地人跟河東碧梧桐說，無論出國法律定得多麼嚴密，這

長崎服務外國人的日籍女性，
圖為唐館部屋。

長崎縣民，人稱稻佐おエイ
（O ei），相傳為曾居香港太平
山的俄國軍官之妾。

些女人都有辦法輕易避開法網。可能是歷史和地理因素，這些女人的親人對自己的子女、姊妹偷渡到外國都不怎麼當一回事。這些歸國的唐行婦並不會組織固定家庭，如果因患病而要回鄉，康復之後還會再次到外國⋯⋯

筆者意外發現原來長崎縣的奇女子——稻佐おエイ（Oei），也曾經在香港留下雪泥鴻爪。根據當時日本僑民的回憶，おエイ曾經住在香港上海銀行對面的山崖。俄羅斯皇太子到訪日本的時候，懂得外國語言的おエイ曾經當過接待。這位在正史中被描寫成日俄戰爭間諜被捕的女性，在九州呼風喚雨，擁有自己的物業及旅館，家財萬貫。後來她成為了俄羅斯某位海軍提督的妾侍，居住在香港一段時間。

雖然說日本女性在香港賣淫情況普遍，不過這些妓院也相當有要求。通常在妓院有六七個女人，咖啡店就五六個。基本上他們不招待日本人，只招待洋人和印度人，除非是上等的日本人顧客，則也會秘密接待。早期香港的日本僑民分成上等人下等人兩種，這一點我們在後面會再詳細解釋。

我們大約可以大膽講一句，香港日本僑民的歷史有一半是這些淒涼婦女的血汗，宮川久次郎的話說得不好聽，卻反映出當時社會的現實。香港的日本僑民走上正常健康的社會之路，恐怕是20世紀20年代之後的事情了。1932年6月，隨着香港公娼制度廢除，唐行婦在這時代也隨之消聲匿跡了。

❀ 旅館與酒店業

在前一章我們開了一個關於旅館的頭。在接下來的篇章裏，我們就會講述早期居住香港的日本僑民開辦旅館的種種事情，發掘最早期香港的日本旅館歷史。

香港作為英國殖民地，並且是前往歐洲其中一個重要的中轉地，確實從1880年代便有居住香港的日本人以營運旅館及酒店維生。除了開辦自己的旅館之外，亦有日本人選擇在其他旅館工作，例如我們就有1890年草野格馬在香港酒店工作的紀錄。香港酒店是當時香港首屆一指的高級酒店，也有日本人曾經居住於此。明治維新三傑之一的木戶孝允就曾經於1873年7月15日入住這間位於畢打街與皇后大道中交界的香港酒店。1884年2月8日，後來成為美術家的黑田清輝亦曾經入住於此。另外還有一位森田佐市，我們不知道他在香港酒店工作的日子，卻知道他曾經任職香港酒店的理髮師，離職後開設咖啡館及理髮店，時為1891年。然而在香港酒店擔當理髮師的可不是只有森田佐市，十年後的1901年，報稱擔任理髮師的還有黑木泰順與德巖源之十，兩人都在香港酒店內任職。香港最高級的香港酒店似乎僱用

過不少日本僑民擔當理髮師呢。

最初報稱經營比起旅館更加簡陋的下宿屋的日本僑民，是 1885 年的三浦兼吉、橫瀨要吉和古賀兵太郎。他們主要為船員提供住宿及膳食。橫瀨要吉與古賀兵太郎的下宿屋，後來都逐漸升格成為旅館。

要知道居住香港的日本僑民經營旅館的細節，我們必須留意一個重要的年份 —— 1889 年留下來的歷史資料。

1889 年 2 月 11 日，日本明治政府頒佈《大日本帝國憲法》，僑居香港的 24 位日本人聯名向天皇呈獻了賀表，再加上之前 1 月 18 日齋藤幹書記的報告，我們至少發現五間旅館店主的名字、籍貫、旅館名稱以及地址：

旅館	店主	籍貫	地址
西山旅館	西山由造	佐賀縣	威靈頓街
戶田旅館	戶田熊造	長崎縣	擺花街
橫瀨旅館	橫瀨要吉	長崎縣	鴨巴甸街 13 號
鹽增旅館	鹽增熊吉	長崎縣	鴨巴甸街
安藤旅館	安藤公平	長崎縣	砵典乍街 17 號

西山旅館最初是出售陶瓷的商店，1887 年 6 月在威靈頓街開業。1886 年的日本人名冊中沒有西山由造的名字，所以估計是之後才開業的。這個商店包括旅館在內共聘請了四五位日本僑民。戶田熊造最初在雜貨店立林租房子做縫紉工作，1887 年在擺花街成功開設旅館。橫瀨旅館最初經營寄宿房子，到了 1891 年 5 月改以旅館為名，開業地點在鴨巴甸街 13 號。鹽增旅館的主人鹽增熊吉最初跟姊姊同住在鴨巴甸街，1887 年他們在鴨巴甸街開辦旅館，但 1889 年 12 月關門大吉。至於安藤公平，則在 1888 年砵典乍街 17 號開辦安藤旅館。

不過在同年 1889 年年末日本艦隊進入香港之時，曾經有居住在香港的日本人向領事館提交物品補給申請書，當中又出現了另外兩間之前榜上無名的旅館：大高佐市經營的大高旅館、古賀善太郎經營的古賀旅館 —— 這位古賀善太郎有可能是之前古賀兵太郎的親屬。

看到這裏讀者可能會問：日本人開這麼多的旅館，再加上香港本來就有本地人及其他國家的人開設的酒店，雖然說香港是重要的港口，但真的有足夠的客源嗎？首先，旅館並不一定生意很好，例如在這年的 12 月，鹽增旅店就結業了。其次，除了有某幾家旅館是用心經營，例如東洋旅館前身的橫瀨旅店和西山旅店，其他很多時都同時經營着與色情行業相關的不正當業務，例如後來冒起的田中清藏的喜樂、石崎增次郎的鶴屋、澤田清太郎的澤田屋等旅館就是做蛇頭的。澤田清太郎的名字最初出現於 1893 年的飲食業，後來在 1901 年，負責人的名字又變成澤田屋太郎。

1901 年有紀錄的旅館（兼料理店）如下：

旅館	店主	地址
東洋館（前身為橫瀨旅店）	橫瀨要吉	中環德輔道
喜樂（又稱田中旅館）	田中清藏	擺花街 15 號
澤田屋	澤田屋太郎	砵典乍街 32 號
鶴屋	石崎增次郎	中環德輔道
四開樓	田中伯三郎	結志街 11 號

在以上的清單中我們意外地發現了聽上去不像是旅館的四開樓，這間四開樓本來是 1889 年古川乙助經營的店舖，最初定位是料理店，但第二年就大張旗鼓變成旅館兼用的料理店。

有關夏目漱石糊裏糊塗闖進過的鶴屋旅館是蛇頭用以接洽唐

行婦，掛着旅館的「羊頭」賣唐行婦的「狗肉」，以及跟偽造貨幣的不法勾當有關連的事情，我們在上一章裏已經讀到了。接下來我們就嘗試利用地址登記的方法，看看 1901 年擺花街 15 號跟田中清藏（一說清造，兩個漢字在日本語裏同為「ぞう」音）的喜樂同一個地址的還有什麼商店，嘗試推敲旅館除了宿泊飲食之外，還有什麼服務提供，養活了什麼行業的僑民：

行業	店主
旅館兼料理店	田中清藏
雜貨行商人	鹽古新三郎、石井音松
理髮師	巖崎要吉
洗滌及漿洗	松崎甚三郎
留學生	原口聞一

從事蛇頭的旅館澤田屋的地址，跟梳頭師傅蛭田かち（Kachi）的地址竟然一樣！可見兩行業間關係匪淺。

從本文一開首已經不斷出現的橫瀨要吉，大家都很熟悉他的名字了。他所經營的曾經在 1890 年 3 月一度停業的旅館終於在 1893 年春天重開，並且改名東洋館。1896 年，知名文人德富蘇峰到訪香港時曾經聽過福澤諭吉的女婿、日本遊船公司的負責人清岡邦之助評論東洋館，他稱之為「香港最早日本人經營的旅館」。我們目前不知道橫瀨要吉是否在香港終老，但在跑馬地的日本人墳場第 26 區卻可以找到名叫橫瀨豐太郎的墳墓。這位 1882 年 9 月 15 日出生的小朋友，於 1886 年 5 月 8 日撒手人寰，死時還不足四歲。這位小朋友的父親就是橫瀨要吉，墳墓上記錄的出生地是長崎縣長崎區桶屋町 29 番。透過以上有關橫瀨旅館各種發展的相關紀錄，我們可以知道橫瀨要吉開始經營廉價

的下宿屋不久便經歷了喪子之痛。

此外第 6 區也有一個墳墓跟橫瀨要吉的後來演變為東洋館的旅館有關係。這位墳墓的主人是日本領事館的外務書記生，出生於佐賀縣的德永喜三。他是野間政一在香港擔任日本領事期間的職員，在日俄戰爭發生的 1904 年 2 月中，由於擔憂戰事導致嚴重神經衰弱，最後在東洋館二樓了結自己的生命。根據竹田洋服店的竹田直藏回憶，鹿兒島出身（即是以前的薩摩藩）的香港領事野間政一為了戰爭的事情很忙碌，連午飯時間也停留在香港酒店。當時俄羅斯的領事說大概俄羅斯會勝出，野間政一還說目前還不知道哪一邊會贏。後來波羅的海艦隊被全數消滅，俄羅斯的領事便再也沒有來過。居住在灣仔的竹田直藏還記得日俄戰爭後，灣仔的日本僑民都借了小艇拍打石油氣罐和大鼓慶祝，還在昂船洲前面的沙灘舉行了相撲和其他助興活動 —— 至於為什麼上司野間政一在豪華的香港酒店，而德永喜三會在東洋館，這個我們就不得而知了。東洋館除了經歷以上的事情，還有一位無論在中國還是日本歷史上都相當重要的人物長期寄居，這位就是協助孫中山推行革命活動的宮崎滔天。在他的自傳《三十三年落花夢》中，亦曾經出現東洋館的名字：「既乘夜陰向香港，時孫君（孫中山）已發西貢，乃上陸入東洋館」。一間小小的旅館，雖然在香港沒有留下任何蹤跡，卻曾經是往來香港與日本兩地之間人們的回憶。跟東洋館同期的還有士丹利街 44 號的野村酒店，負責人是野村五郎。可是從歷史圖片所見，後面明明是德輔道，為什麼紀錄上的地址是士丹利街，我現在還未弄明白。

到了大正昭和年間，居住香港的日本僑民開設的旅館就更加多了。踏入 20 世紀初期有東京酒店、松原旅館、野村旅館、伊呂波旅館、朝日旅館等。在松原治三郎與植月覺三的兩節中，我們曾經提到松原旅館與東京酒店是明治後期到大正年間的旅

館。這間松原旅館曾經在 1909 年的《香港日報》登廣告，因而我們可以知道他的地址在香港海旁干諾道 18 號，電話號碼為「466」。《大旅行誌》講過投宿的學生們使用的是樓上的廣間和四樓的屋頂，沒有分發獨立房間，在榻榻米上鋪好床鋪便席地而睡。根據大正時代留下來的紀錄，植月覺三的東京酒店房間價格要貴一點，但要是選擇睡在榻榻米大廳，價錢可是連學生都負擔得起。

1930 年代的日本郵船株式會社《濠洲航路案內》曾經介紹香港三間日本酒店，分別是東京酒店、松原酒店、千歲酒店。坐落於灣仔厚豐里的千歲館於 1917 年建成，於 1994 年 12 月被拆毀，但當年走上旅館的樓梯現在還在原址。它是一座樓高三層的西式建築物，有漂亮的花園，是當時投資最大的日本酒店，亦有藝妓駐場。藝妓最初來到香港的紀錄是 1906 年，由櫻井鐵次郎從九州門司帶來香港。千歲館的創辦人是 1909 年來到香港居住的關伊勢吉，他曾經參加明治老香港座談會，並留下不少第一身的史料供後人參考。

1936 年 2 月 28 日到訪香港的高濱虛子曾經去過千歲館兩次：第一次時他們乘搭汽車，在堅尼地道下車後從建築物三樓進入，再往下走兩層樓梯才去到餐廳。服務他們的是來自日本的藝妓，當中還包括籍貫是京都的女性。她們當中有留下名字的包括八重、松千代、久千代等；後來高濱虛子離開歐洲回日本時經過香港，再次到訪千歲館，這些藝妓也有出來助興，此外還有一些新面孔。被稱為漢奸的甘志遠在他的回憶錄裏面，也曾經提到香港的千歲館。千歲館曾經是日本軍隊高級將領及財經界名人經常光顧的高級日本旅館，廣西省省主席黃旭初從南京來到香港轉往廣西途中，就曾經在千歲花壇跟日本陸軍特務機關、在南方工作的大佐會面並負責翻譯。1940 年左右，日本政府向海外日本人

提議盡快撤出香港，避免戰爭時蒙受損失，千歲館不久便結束營業，東京酒店大約也在這個年代結業的。至於戰爭期間冒起的松原酒店，則是告羅士打酒店改名而來，跟之前的同名旅館並不一樣了。

從 1880 年代到 1930 年代，居住在香港的日本僑民經歷過甲午戰爭、日俄戰爭、第一次世界大戰，以及如箭在弦的第二次世界大戰。從旅館的發展，我們也略略能感受到香港與日本的歷史進程吧。

❀ 飲食業

香港人疫情期間去酒店 staycation，好多時除了酒店本身之外，附屬餐廳的質素也在考慮之列。例如現時香港酒店內的日本餐廳如灘萬、嵯峨野、四季菊都相當知名，當中灘萬更是 1830 年就在長崎縣開業的近 200 年老店，創辦人叫灘屋萬助。

若然我們要追溯戰前香港日本料理的歷史，最知名的大概是大正昭和時期的清風樓與千歲花壇；但若果要數最早期日本人在香港所開的料理店，則可以追溯至 1885 年 6 月——42 歲的三浦兼吉及 30 歲的鈴木ミツ（Mitsu）在香港的職業紀錄報稱為下宿屋及日本料理商。下宿屋是路過香港的船員休息的地方，供應膳食也很正常。1882 年駐香港廣業商會工作的木村修三曾經講過，如果有任何飯局聚會，都會選在當時知名的中華餐館杏花樓，估計當年還沒有什麼像樣的日本料理店。

不過到了 1889 年，終於等到了名為古川乙助的日本僑民開

辦料理店四開樓，而且生意似乎不錯，第二年還擴建店舖並且僱用了三位職員。與此同時，西川宇之輔的烏冬麵店於 1890 年也在威靈頓街開業了。至於砵典乍街的澤田飲食店及越智飲食店亦在 1893 年正式登上名冊。這間澤田飲食店正是之前篇章提到的澤田清太郎旗下旅館的附屬餐廳。需要留意，最早期的料理店四開樓到後期也變成了旅館與料理店同步經營的商業設施。另外還有野村，隸屬於野村酒店，也是 19 世紀末期居住香港的日本僑民的集體回憶。

我們可以根據 1901 年有紀錄的旅館（兼料理店）參考當時的飲食業情況：

旅館	店主	地址
東洋館（前身為橫瀨旅店）	橫瀨要吉	中環德輔道
喜樂（又稱田中旅館）	田中清藏	擺花街 15 號
澤田屋	澤田屋太郎	砵典乍街 32 號
鶴屋	石崎增次郎	中環德輔道
四開樓	田中伯三郎	結志街 11 號

至於報稱自己是料理店的則有如下：

旅館	店主	地址
清風樓	近藤トミ	德輔道 55 號（當時第二大）
野村	野村五郎	士丹利街 44 號（當時第一大）
うどん屋	西川宇之輔	威靈頓街
德島館	/	/
二見	/	/
常盤亭	/	灣仔
住の家	佐野氏	灣仔

在色情行業清單中我們發現洋船街單數號碼基本上清一色都是日本的妓院。其中洋船街 15 號沒有妓院，卻有報稱自己為點心商的安達寅太郎經營的點心店。雖然不知道他販賣的是中式還是日式點心，但看見地址，不期然會思考選址時是否考慮到地利之便，可以向周圍的妓院提供點心？

此外還有報稱專門做西餐的石田盛泰，餐廳地點報稱是黃泥涌。這位西餐廚師的地址距離日本僑民聚居的地方相當遙遠，當時薄扶林香港仔一帶有牛奶公司，可能專門為洋人煮西餐也說不定。講到專門做外國人生意，讓我們回到 1887 年 10 月，有一位名為岡村留三郎的日本人是美國汽船公司的職員，他在卑利街 7 號開了一間可以玩桌球的咖啡店，估計也可以做洋人的生意吧！不過他並不是獨市生意，桑原長介亦在 1889 年在威靈頓街 122 號開設桌球咖啡館。不過前者有八名員工，後者只有兩名，規模似乎有所不及。

19 世紀末到 20 世紀初，除了妓院及旅館之外，最多日本人在咖啡室工作。除了上面提到的桌球咖啡館，原本在九龍酒店當理髮師的森田佐市也開設了咖啡店和理髮店。這些咖啡店都開了幾家了，古川乙助的四開樓才剛剛開業呢。

正所謂「食色性也」、「飽暖思淫慾」，前文的色情業與旅館業、飲食業一衣帶水，相輔相成。在早期日本僑民中，不難發現經營咖啡店者。不過除了以理髮及桌球作為招徠之外，根據早期居民的描述，這些咖啡店大多都掛羊頭賣狗肉，以咖啡店之名行色情場所之實。上文提過的廣業商會木村修三在 75 歲時回憶年青時期的士丹利街，妓院有六七個女人，咖啡店也有五六個女人。當中有部分咖啡店是西式的，不過這些都不是正經喝咖啡的地方，而是女人出賣身體的地方。可悲的真相是色情行業卻滋潤了其他行業，早期香港僑民的歷史亦環繞着唐行婦展開。

踏入大正昭和之世，在歷史上留下名字的日本料理店就更多了。1929 年有以下的紀錄：

料理店	地址
清風樓	干諾道 36 號（隸屬東京酒店）
千歲花壇	堅尼地道西 23 號（隸屬千歲酒店）
末廣亭	九龍海防道 49 號
福住樓	九龍廣東道 136 號
喜樂	九龍廣東道 23 號（1901 年於擺花街）
野村食道樂	九龍北京道 39 號
千鳥	九龍北京道
東京庵	灣仔海旁東街 38 號
お多福	灣仔海旁東街
銀松	灣仔海旁東街 19 號
千代の家	洋船街
さぬき家	交加街
伏見屋	景春園町 7 號

清風樓是隸屬東京酒店的餐廳，原本在德輔道 55 號，是最著名的料理店之一。其前身在俗稱七曲半的電車路旁邊，後來搬到德輔道。到了 1929 年地址不同了，搬到干諾道 36 號，並成為東京酒店的附屬餐廳。在 1918 年跑馬地馬場火災死去的植月覺三有紀錄是清風樓的主人，另外在之前的篇章也提過酒店的貼紙也寫着植月。我推測近藤トミ（Tomi）一直都是負責人，或許在植月全家過身後同時經營東京酒店與清風樓吧？至於千歲花壇則是千歲酒店的餐廳，品嚐日本料理時還有真正來自日本的藝妓助興。根據流傳下來的 1930 年代餐牌，可以知道餐廳有提供壽喜燒和雞肉鍋，聽起來甚為吸引。

1937 年，英皇佐治六世登基，香港作為英國殖民地也舉辦了煙花大會，居住香港的日本僑民亦有參加。可是其後兩國關係漸趨緊張，到了 1938 年日本料理店只餘下清風樓、千歲花壇、老松等小店了。直到 1939 年 9 月第二次世界大戰爆發，留在香港的日本人迅速減少，只餘下 600 人。到了 1941 年 12 月，日軍正式攻佔香港。現時灣仔某個不顯眼的街角，還保留了當時前往千歲酒店的扶手樓梯。只不過高濱虛子、橫光利一、甘志遠等人親身經歷過的千歲酒店風光，早就煙消雲散了。

❀ 零售業與服務業

在早前跑馬地日本人墳場的篇章中曾經有多間知名日本企業的名稱出現，三菱、三井不在話下，橫濱正金銀行或者日森洋行（後來的安宅產業）大家都耳熟能詳。在上集《爐峰櫻語：戰前日本名人香港訪行錄》中諸位名人到訪的企業似乎都鼎鼎有名，難道百多年前普遍住在香港的日本男士都好像 21 世紀在香港的日本人一樣，不是在領事館就是在知名的日本企業上班，住在類似太古城或者九龍站上蓋，過着舒適的生活？

百多年前的日籍僑民中，可以用社會地位高低去劃分兩個群體。好像本田政太郎、廣田耕吉、福源榮太郎這些會英語，甚至曾經去過其他國家見世面的日僑，屬於社會中的上流；至於唐行婦、理髮師等，則屬於下流。在宮川久太郎等領事眼中，這些人尤其是唐行婦有辱國體，影響日本國際形象；因此我們可以明白為什麼親身探訪妓院娼館的領事船津辰一郎，會得到非精英階級

的僑民的欣賞了。

以下篇章我們會介紹 19 世紀中後期到戰前，以個體戶經營小生意的日本僑民。他們有些開小店，也有部分以手藝謀求生計。除此以外還有最早到日本開店嘗試做生意的香港人，我們都會逐一介紹。

香港人對日本貨品感到興趣的紀錄最早在 1859 年，記載在一位荷蘭的船長 Henry Holmes 在當年倫敦出版講述日本探險旅程的書籍上。書中講到一艘名叫 Troas 的荷蘭船隻從橫濱駛入香港，船上載滿了日本的貨品如刀劍、佛壇、青銅器、陶瓷、刺繡等。這些來自日本的貨品引起香港上流社會甚至港督的留意，連港督也買入刀劍。可惜由於剛好是任期更替前後，我們不能確認這位港督是寶靈還是羅便臣。與此同時，根據幕府末年外國關係文書指出，外國奉行[1] 亦建議派商船前往香港，目標是調查清國的貿易情況。

終於，長袖善舞又有冒險精神的香港人登陸橫濱。那是橫濱剛剛以港口姿態登上歷史舞台的時刻。這位香港人名叫阿忠，他跟着購買絲綢的英國商人到橫濱與芝屋清五郎談生意。我們不肯定他是翻譯還是英國人的助手，但至少我們知道同樣是港口城市的橫濱，終於在 1859 年開始了與香港的貿易往來。另一間我們相當熟悉的香港老字號企業 —— 英資的怡和洋行（Jardine Matheson & Co.）亦在這年於橫濱設立英一番館。這是日本實行對外開放政策後第一間成立的外國商行。五年之後（1864 年），香港終於有個體戶落腳日本橫濱，在 149 番地開設英式裁縫商店 Cock-Eye。想像一下在香港曾經做英式服裝的裁縫帶着豐富經驗前往剛剛文明開化的橫濱，前途大約一片光明吧？不過似乎

1　職位名，負責對外事務。

商人都是靈活求變的，到了第二年店舖便搬遷到 147 番地，並改為製造清涼飲料。比起服裝，飲品也許更受歡迎吧！

相較香港人跑到橫濱做小生意，似乎日本人在香港以個體戶形式做小生意就比較遲起步了。1872 年，香港終於有來自靜岡縣的駿府屋貞太郎經營的駿浦屋在香港開設分店，有兩名店員。店舖以販賣陶瓷及採辦西洋物品到日本為主，店址在中環大街 54 號。不過大概是經營不善，駿浦屋在營運五年之後就倒閉收場。與駿浦屋開店同年，來自香港的大德堂亦登陸橫濱 132 番地，主要輸入中國藥材及砂糖，同時將北海道的海產出口到香港。

明治政府大約就是在這段期間開始關心香港與日本之間的貿易，1872 年寺島宗則致函英國政府，請求批准兩名海軍官員回國經過香港時順道考察香港的海關系統。林道三郎大概亦是在這個時候接到通知，準備前往香港任職駐香港的副領事。

時間又過了幾年，來到 1878 年 4 月，販售漆器及陶瓷的慶應組也在香港開業，不過很遺憾只支持了三個月。一雞死一雞鳴，次年 3 月香港又有一間日本人經營的小店開業，名字叫崎陽號，販賣的東西基本上一樣。這間店爭氣一點，支持了四個月才關門大吉。在這些小店掙扎求存之時，前文曾經提及的三井、三菱，以及得到日本政府支持的廣業商會，也在這段期間於香港陸續建立。廣業商會雖然得到日本政府支持，販賣來自北海道的海產等，但後來因為經營不善，結業後部分生意被日下部平次郎及森上某的日森洋行收購。事實上，最早期的日本僑民經營的小生意十之八九都以失敗收場，日下部平次郎在眾多個體戶小商店中突圍並守住生意多年，是鳳毛麟角的例子。日森洋行最初販賣陶瓷和茶具，後來還賣各種雜貨及棉花。幾年後到了 1885 年又來了一位名叫立林孫四郎的人物在荷李活道 71 號開店，主要販售

日本的雜貨及陶瓷。三年後搬遷到威靈頓街繼續經營，但是不幸在開業後五年的 1890 年 8 月結業了。

1886 年，宮野芳次郎的咖啡店插旗卑利街 6 號，後來搬到擺花街 26 號，改為售賣雜貨與和服，並逐漸收窄範圍，轉型為和服商人，目標顧客大約就是住在香港的日本僑民吧！根據香港日本僑民留下來的明治年代回憶錄，早期住在香港的日本人中，男人主要穿西式服裝，但女性還是穿和服的。

這些時候香港的商人又有買賣日本的貨品嗎？答案是有的。大德堂及永昌和是歷史上留下名稱的商號。他們出口砂糖、鐵、藥物、種子等，輸入銅、海產、乾貨及雜貨。日本向香港出口的銅除了供香港使用，還會經香港轉運到印度。在眾多銅之中，品質最佳者是住友塊銅，大阪塊銅次之。1892 年駐香港領事代理向外務省呈交的《通商報告》2830 號亦指出，從日本直接進口海產販賣的本港南北行商號分別有恒記、均興隆、同孚泰、廣萬和及另外六家，可是當中並無日本人經營的商號。不過並不是所有香港人都喜歡日本貨品，1885 年 6 月 30 日《循環日報》就有人投稿聲稱日本入口的章魚乾有毒。

撇除個體戶入口陶瓷、雜貨等，當時在香港最好賣的貨品是炭。在色情行業一節中，就提到曾經有被拐帶的女子指出被困在炭倉強行送到香港。那麼在普通的日常生活貨品之中，有什麼日本貨品在香港的銷情比較好呢？透過領事宮川久次郎的通商報告紀錄，所謂的日本雜貨當中，屏風、字畫、燈籠都是很好賣的，此外縐布也很受到香港本地人的歡迎。至於樟腦，本來成績不俗，可是在與台灣競爭之下略為遜色。另外根據領事館其他報告，到了 1900 年代，日本輸入香港的還有玻璃容器、日本火柴、日本陶瓷及日本硫磺。長勝將軍則是煤炭，多年來香港輸入的煤炭中，日本佔的比例最高。

講起日本燈籠出口，除了在香港似乎銷路不錯，在英國倫敦亦開始受到矚目。現時位於倫敦的 Tate Britain 美術館的其中一件鎮館之寶 —— 名畫 *Carnation, Lily, Lily, Rose*，畫中的白百合據稱就是日本品種，小女孩手上的也是日本的燈籠。原來英國老牌百貨店 Liberty 在 1880 年代已經開始販售日本的白百合和燈籠。John Singer Sargent 會畫帶日本色彩的主題不全因 Liberty 賣燈籠，他是受 19 世紀歐洲日本主義影響的其中一位畫家。當時他剛離開巴黎，加上受好友莫奈印象派畫法影響，才有此畫誕生。

除了上面提過有貨物的品質被投訴，以及甲午戰爭的影響外，令日本商人最為難的要數反日活動。在戰前有兩次大規模的反日活動，第一次是第二辰丸船長不能說的秘密一節中提及的事件，第二次則是第一次世界大戰巴黎和會之後的反日貨活動。此外還有比較少人留意的甲午戰爭時期：1894 年 8 月 9 日，香港政府宣佈在甲午戰爭中保持中立，交戰雙方船隻不准駛入香港水

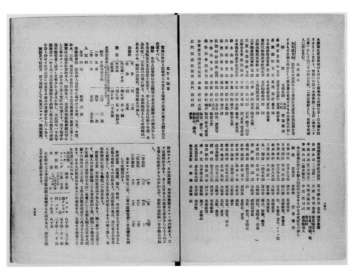

大正年間香港日籍企業及商店清單

域，亦不可以利用港口設施，但並不能阻止愛國的華籍商人停止聘用日本員工。日本人在香港經營小生意，亦曾因為貨品優良從而引起香港人注意，聘請他們培訓香港員工。例如日本的火柴質優價廉，曾經在香港 19 世紀末期的市場佔一席位。很多人都聽講過坪洲曾經有火柴工廠於 1975 年結業，名為大中國火柴有限公司。話說早在 19 世紀，香港已經有火柴製造商，並且聘請大阪的技工訓練本地人工作。根據《通商彙纂》指出，香港商人曾在九龍設隆記號火柴廠，廠方從大阪請來八名熟練技工訓練本地人工作。但是在 1894 年，由於甲午戰爭關係，工廠曾經將日本人解僱，不過戰爭過後又再次聘用。在明治居港日本僑民的回憶錄中，亦有提過甲午戰爭期間日本女性在香港街頭遭頑童捉弄的事情。

1919 年 2 月，日本在第一次世界大戰之後的巴黎和會中對中國提出的要求觸發香港報章激烈的反日言論：《循環日報》2 月 7 日及 2 月 9 日分別就有〈歐戰聲中的青島問題〉、〈國恥〉兩篇文章、《華字日報》2 月 8 日亦有〈日人謀我大警告〉一文。到了 5 月，上海抵制日本貨品的風潮波及本港，表面上雖然沒有集會，但部分有聲望的華人商家決定把日本貨品劃出買賣場外，或者在訂貨合約添加條款，聲明不使用日本材料。

在杯葛日本貨品的情況下，有報章發表〈敬告我熱心國貨之親愛同胞〉；到了 6 月初，陶英伍榮樞英文學塾的香港學生持有寫着「國貨」二字的油紙傘在皇后大道遊行，被警方拘捕；第二天再有兩名學生響應在結志街遊行，亦一同被捕，分別被罰錢及受到警戒。事件開始進入高峰，南北行與永樂街、皇后大道一帶開始貼有提倡土貨的標語。就連英文報紙 China Mail 也開始注意事件，6 月 5 日發表就杯葛日本貨品行動的評論 "The Boycott"。對於社會上抵制日本貨品的呼聲及遊行，殖民地政府

採取壓制政策，規定遊行集會要獲得華民政務司或警察司批准。到了 6 月 11 日，更加明言「禁止以何種文字、何種語言、何種舉動意圖鼓吹抵制日本貨品」。此外，全港警察取消休假，加派警察在日本人商店及住所日夜巡邏，對日本僑民嚴加保護。香港人雖然不能參加集會遊行，依然到處張貼排斥日貨的海報。

這一年，香港人聲討大量推銷日本貨品的先施、永安、大新三間公司，責罵他們是亡國公司。後來華商集會決議提倡國貨，這些百貨公司亦宣稱「今後必定多採辦國產絲綢、蘇杭雜貨，並歡迎各界人士到公司檢查」。但是，根據 6 月 4 日日本駐香港領事鈴木榮作關於杯葛日本貨品的報告指出，這次杯葛行動對啤酒影響甚微，對煤炭及藥料生意亦然，火柴也依然壟斷市場，佔香港入口 96%，只有海產下跌三成。另外還有部分香港入口商人為了掩飾，售賣前會把日本的商標變換以隱藏來源。

雖然香港人少了購買日本貨品，但似乎在出口方面卻沒有造成太嚴重的影響。另外自從 1918 年 11 月起，香港米價不斷上漲，除了因為雨水導致產量不足之外，日本人購買白米供國內所需亦是原因之一。這一年香港從日本入口的貿易量因為抵制日貨受影響，但出口反而暴增，從 130 萬英鎊激增到 440 萬英鎊。

❀ 文教事業

講到明治年間到戰前日本人在香港的文化及教育事業，首先必數報章印刷及日本人的學校。

雖然本節主力講述日本人在香港創辦報章的事情，但筆者有

私心想先為諸位介紹香港開埠不久後便出版，對日本明治維新及往後發展有深遠影響的香港報刊。

若然要數對日本人有重大影響的刊物，必然要舉 1853 年 8 月 1 日在香港創刊、由英華書院印刷的香港歷史上第一份中文報刊——《遐邇貫珍》。作為香港成為英國殖民地開埠不久印行的報刊，《遐邇貫珍》中關於英國管治及香港的經濟、民生等資料彌足珍貴。雖然《遐邇貫珍》宗旨在於傳播基督教義，但亦大量介紹西洋文明知識，例如政治、文學、歷史、醫學、地理、化學、動物學等，同時刊載中外各地新聞及廣告。《遐邇貫珍》每期印數 3,000 份，除了香港本地外，亦發行至廣東、廈門、上海等多個商港，甚至日本旅客到訪香港時亦大費周章，特意到英華書院購買。這些努力學習西方文化知識的日本人在英華書院買入《遐邇貫珍》後帶到日本，令這小小報刊廣泛流傳。如果對這報刊內容有興趣，可以參考黃天先生編著的《遐邇貫珍：香港史料類鈔》，必定獲益不少。

接下來我們進入正題，講述 1909 年 9 月 1 日創刊的《香港日報》。1908 年 3 月來到香港的井手元一曾任《香港日報》總經理，他在座談會上提到該報於 1908 年 9 月 1 日創刊。但由於筆者找尋資料時發現《香港日報》創刊號幸運地流傳到今天，透過報章印刷日期及當時的領事船津辰一郎的書信，推斷座談會上所言有誤。是當時的日本領事船津辰一郎趁着《滿州日報》記者松島宗衛來香港視察的機會籌辦，成立資本有一半由船津辰一郎支付，其餘由香港的公司及銀行贊助。

1909 年 9 月 1 日創刊的《香港日報》在創刊號當中有大量珍貴的內容，能夠讓 110 年後的我們了解到當時日本政府、在港日籍媒體眼中的香港。當時的香港領事船津辰一郎在賀詞中首先稱讚香港維多利亞港的魅力不輸錢塘潮之美，接着表揚香港作

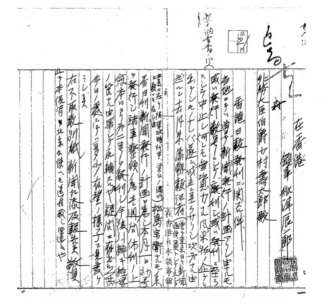

從船津辰一郎通告小村壽太郎的書信，可知《香港日報》於 1909 年創立。

為東洋第一轉口港、世界第二大港口的美名。其後他肯定香港作為日本與清國間貿易樞紐的重要性，並且表示在香港居住的日本人數高達上千人，若然計上港口船隻上的日籍過客，隨時多達數千，創辦報章值得興奮；橫濱正金銀行的代表高道竹雄則以「利益扶植」、「德操砥礪」、「智識隆達」、「見聞該博」去表達自己對《香港日報》創刊的期望。

當時在日本政府眼中，清國三大中心點為北清的天津、中清的上海及南清的香港。在上集《爐峰櫻語：戰前日本名人香港訪行錄》中，日籍旅客們眼中的香港是英國殖民地、前往歐美的中轉站。可是對於選擇在這裏落地生根，又或者大展拳腳的居港日人來說，香港是打開清國貿易的大門。因此，作為媒體，《香港日報》同時肩負南清研究的重任，無論是政治上還是經濟上，了

解香港以及周邊地區如兩廣都是刻不容緩的事情，主編亦在文中強調千里之行始於此步，肯定報章的啟蒙力量。

我們姑且看看 1909 年 9 月的《香港日報》向當時居住在香港及華南一帶的日籍居民報導怎樣的清國新聞：當年是明治四十二年、清宣統元年，《香港日報》評論清國宗室內閣失勢、洵濤乳臭未乾、毓朗樹敵、張之洞開始衰老、兩宮若仙逝國家必有重大改變云云。張之洞及兩宮人所共知，至於洵濤則指載洵、載濤兩位貝勒，兩人分別出生於 1885 年及 1887 年。兩位年輕貝勒爺都有去過日本。至於毓朗，則是步軍統領，也是清朝的宗室貝勒爺。

有關香港本地的新聞亦有珍貴的史料。在 1909 年 9 月 8 日的報章中，更找到和已經與港鐵合併的九廣鐵路有關的記載。當時九廣鐵路尚有一年建成，估計應該是決定華段（廣州—羅湖）負責人的新聞報導。在眾多的報導中，有一篇關於居港的日籍居民的新聞引起了筆者的注意：話說 1909 年某個冷月高掛在天的夜晚，某日本人在摩利臣一帶醉酒鬧事，經眾人制服後送返家中。據報這位醉酒男子並不友善，不斷辱罵照顧他的好心人。報導最後一段還明確指出這位男子便是佐賀縣出身、居住在灣仔的伊藤氏。

井手元一在訪談錄中繼續分享他關於《香港日報》的回憶：《香港日報》的辦公室最初是在中央市場東邊的印刷廠的三樓，職員除了井手元一還有另外兩位，分別姓松島和松田。根據這位井手元一的印象，報館後來搬到花市場前面牛奶農場[1]附近，後來又搬到摩利臣山道 56 號。但井手元一也不是最開初的開國老

1　原文分別為「花マーケット」及「デリーファーム」，不肯定會不會是指擺花街及今下亞厘畢道 1890 年的牛奶公司建築物。

臣子，他接受《香港日報》聘請的時候已經是 1921 年 10 月的事情。他還記得在他進入《香港日報》那年，還有一份報章叫《南支那新報》，只不過在兩年之後 9 月的大地震後便停刊了。

講完《香港日報》在香港發行的經過，就要跳到日本人創辦學校，作育英才春風化雨的軌跡。在上一集《爐峰櫻語：戰前日本名人香港訪行錄》中華麗登場的京都西本願寺大谷光瑞跟香港最初的日本人學校有深厚的緣分。

據 1902 年 11 月 12 日發行的《中外日報》當中的文章〈英國香港與西本願寺〉記載，香港是東西文化交融的地方，因此各宗派都有嘗試到香港傳教。其中西本願寺的高田栖岸就曾經留在香港一段時間，後來亦前往澳門、廣東等地。到了 1924 年香港日報社出版的《香港案內》就有更詳細的說明：高田栖岸是 1900 年單獨來到香港，到了 1923 年，京都本山還斥資興建四層高的建築物作為傳教用途，地點在灣仔路 117 號，跟香港日本人會、佛教婦人會、香港日本人小學、日本人俱樂部、日本人青年會等都有聯繫。根據香港日本人學校經管理事會事務局補佐兼書記樫村富士夫指出，學校是在 1907 年 11 月於灣仔本願寺布教所開設，名字就叫香港本願寺小學校，老師名為口羽義敬。根據明治日本僑民的回憶錄，當時還有飯田和尚及另外一位台灣人擔任老師的工作。至於最早期的學生，至少我們知道有竹田直藏（就是之前幫忙拯救被賣豬仔的日本婦女的店主）、荒川，以及東京酒店某員工。課程內容方面，根據他們的記憶，有日本外史及《孟子》這些傳統的內容。可惜現在即使搜尋以前的學校紀錄，也不會再看到香港本願寺小學校的相關歷史。有關的紀錄只有在《香港日本人學校沿革概要》裏面才能看到了。

到了 1909 年 8 月 1 日，學校改名為香港日本人小學校，為居住香港的日本兒童提供義務教育。學校開辦時總共有學童十

人。校舍除了本來的本願寺布教所，還伸延到居港僑民內藤政一府上。雖然不肯定這位內藤政一的身份，但必定是對教育熱衷之士吧！

之後香港日本人小學校的經營者一直在變換。1910 年從香港日本人慈善會交給日本人會懇和會，之後一年又「物歸原主」。到了 1916 年終於交到日本人教育委員會手上，校舍於同年搬遷。不過話雖如此，由於兒童數量增加及經費膨脹，當時三個居港日本人的代表團體都有出資金也是事實。同年，學校得到日本外務省承認，奠定了指定的在外學校的地位。

1930 年新校舍建成之前，學校在 14 年間曾經三度搬遷。最後位於堅尼地道 26 號三層高的西洋建築物校舍終於在 1930 年 4 月 1 日落成。這個校舍在 1945 年 9 月被英國軍隊接收之前，一直作為日本人學校的校舍使用。

1940 年 4 月 1 日，這間學校改稱為香港國民學校（初等科）。但是由於戰爭迫近，到了 1941 年 12 月 2 日，就開始無了期休學。同年 12 月 8 日，日軍侵佔香港。到了 1942 年 8 月 1 日，學校正式被廢。

現在我們依然能夠讀到 1940 年 12 月 22 日香港日本人小學校四年級學生長野嘉茂的作文，就讓我們透過這位小朋友的〈香港の樣子〉（香港的狀況）一文（節錄）去了解當年日本僑民眼中的香港吧！

香港雖然是英國的殖民地，有很多中國人。約 130 萬人。外國人大約二萬多人。在眾多的中國人之中，有好的中國人也有壞的中國人。

最近，我和姐姐兩人從學校回家時，乘搭的巴士上並沒有空的座位。一位 18 歲左右男性的中國人站起來，然後把

他的座位讓給我們⋯⋯至於壞的中國人，看見我們從學校回家時都會講「日本仔」（原文為「ヤップンチャイ」，廣東話日本仔的音譯）⋯⋯香港的氣候不太好。每天濕度上升又下降，最近變得如同夏天一樣炎熱。

前年，香港迎來 30 年一遇的巨型颱風。因此 17,000 噸位的淺間丸也觸礁了。現在香港有霍亂流行，從開始到今日，聽說已經死了 156 人。

香港的英國人很壞。很久之前有英國的小朋友用火柴拋向我和姐姐。

香港有很多賊人。他們都是中國人。他們會把偷來的東西向其他人販賣。現在香港也有很多中國人的軍隊，由於香港沒有很多英國人的軍隊，所以會募集中國人然後組成軍隊。我會給這些中國人軍隊改花名。

透過這位 1940 年居住在香港的日本小朋友的眼睛，我們彷彿看見香港本地人或者英國人看不見的另一個戰前香港。

至於現在香港開到成行成市的日本語學校，經筆者翻查，在 1918 年在灣仔皇后道東園戲院樓上的本願寺裏面曾經有專門教授華人日本語的日華學塾，可能就是最早有紀錄的香港日本語學校也說不定！

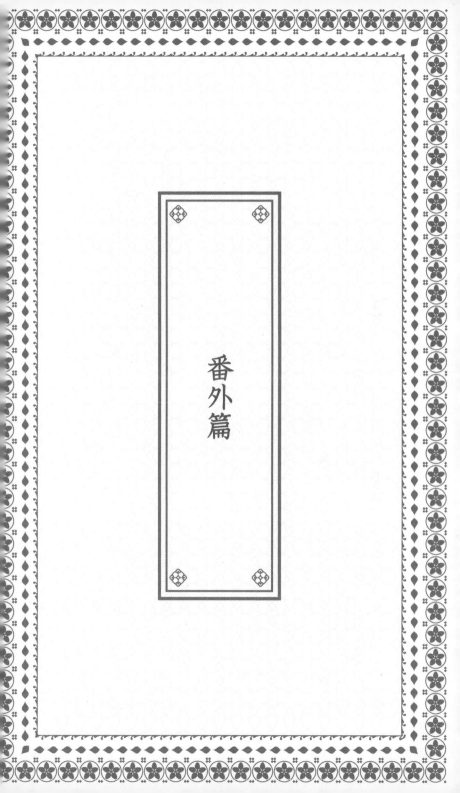

番外篇

❀ 1909 年日本人在香港創辦的《香港日報》

香港很早已經有報紙，歷史學者研究早期香港歷史都不會放過《德臣西報》。《德臣西報》（*China Mail*），又名《中國郵報》、《德臣報》等，是香港發行時間最長、影響力最大的英文報紙。它是 1845 年 2 月 20 日由英國出版商 Andrew Shortrede 創辦，並得到當時最大的鴉片商 Jardine Matheson（即今怡和集團）支持。報章於 1974 年停刊，前後共發行 129 年。

筆者出生於 20 世紀 80 年代，直至小學時期的 90 年代香港還有日報、晚報。印象中幾十家報社百家爭鳴，還曾經出現過《兒童日報》（不是獅子頭主編、1990 年代的《兒童周刊》）。到了高中、大學期間，隨着互聯網普及，晚報率先結業，留下的大報瓜分了香港讀者市場。筆者現在人到中年，買報紙已經變成難得的事情，一般人都改用智能手機或智能手錶閱讀新聞。用不着等到第二天，無論是疫情記者會還是任何突發新聞，透過社交媒體，恐怕只要三分鐘已經可以傳遍全香港。

有時找尋 90 年代的報紙，看到上面的廣告都會感慨時間飛逝，今次我們來看看 1909 年日本人在香港創辦的《香港日報》上的廣告，看看能否感受到時移世易？

三ツ矢好飲料水

廣告上的三ツ矢在今時今日依然健在，到今天已經有 130
年歷史。

很多對日本文化有認識的人都會聯想到這個三ツ矢意思就是
三枝箭，看上去也很像一個家紋[1]。話說平安時代，攝津源氏始祖
源滿仲得到住吉大社神諭，向天空發射三箭並在箭落下的多田
（今兵庫縣川西市多田）建立居城，史稱新田城，又稱多田城。
滿仲賞賜找到這箭的男子孫八郎三ツ矢姓氏及家紋。某日，滿仲
狩獵時發覺有鷹利用附近的泉水醫病，於是這些含有礦物的泉水
就成為靈泉，明治年間改名平野溫泉鄉。

1881 年，英國化學家 William Gowland 正式利用平野礦泉
開始製造碳酸水，並且在三年後以平野水之名發售。到了 1897
年，平野水成為宮內省指定的皇太子東宮殿下的御用品。這位東
宮殿下正正是後來的大正天皇。到了 1907 年，商標定為今日我
們認識的三ツ矢（三箭），商品名稱就叫做「平野シャンペンサ
イダー」，跟 1909 年香港的報章廣告上的平仮名一樣讀音。

雖然這個飲品現在大量生產，價錢便宜，但是在 100 多年
前香港也能夠飲用到剛剛得到認證的日本宮內省皇太子御用飲
料，不是很讓人驚訝嗎？此外，平野水在夏目漱石的作品例如
《行人》當中也有出現過。

最初商品的顏色並不是透明的，而是淡黃色，所以當時香港
能夠買到的三ツ矢跟現在日本超級市場所見透明膠樽裝的並不一
樣。不過日本最初的碳酸飲料並不是三ツ矢。1853 年，黑船帶
來了檸檬碳酸飲料，後來 1860 年長崎的英國商船又帶來了與波

---

[1]　日本武家、公家表明身份或家系的圖案。

今日的三ツ矢飲品（圖片由
陳子健先生提供）

子汽水相近的飲品。距離三ツ矢真正發售已有 20 多年。

　　後來到了 1933 年，三ツ矢跟下面會提到的大日本麥酒株式
會社合併；又過了幾十年，今日三ツ矢瓶子上寫着的是 Asahi，
也就是大家都熟悉的朝日。

大日本麥酒株式會社

　　大日本麥酒株式會社是日本以前的啤酒製造商，是現在朝日
啤酒、札幌啤酒的前身。

　　在 1909 年《香港日報》上出現的大日本麥酒株式會社，剛
剛發生了怎樣的事情呢？1906 年 9 月，大阪麥酒（朝日啤酒的
前身）、日本麥酒（製造惠比壽啤酒）、札幌麥酒（札幌啤酒的
前身）三間公司合併，大日本麥酒株式會社正式誕生。當時日本
麥酒的馬越恭平社長是三井物產的重要人物，這張超級大合同讓
這間公司馬上得到七成的市場佔有率。合併之前嚴峻的市場競爭
讓三井物產旗下的日本麥酒經營陷入危機，馬越恭平認為為了避
免國內過度的競爭，提升海外輸出，需要集中資本發展，因而向
當時的內閣提出合併的建議。

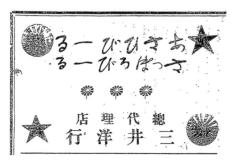

《香港日報》上札幌啤酒的廣告

早期大日本麥酒株式會社的海報都充滿日本傳統風味,穿着傳統和服、梳着江戶時代髮型的女性捧着餐盤,上面放着玻璃瓶裝的旗下三個品牌的啤酒。在《香港日報》報章上看到的圖樣今日已經難以辨認,但至少現時還在罐裝啤酒上看到的☆依然可以看到。至於惠比壽啤酒及朝日啤酒,其商標也未至於不能辨認,有時出產復刻版還能看到呢。

在後來的《香港日報》上,就更加清楚看到札幌啤酒的廣告。不知道當時大日本麥酒株式會社旗下的三個品牌在香港都能買到,還是只有札幌啤酒呢?

至於你,在 21 世紀的香港超級市場望着貨架時,又會選擇朝日、札幌、惠比壽之中哪一個?

近江帆布

在日本城郭中,現存天守只餘下 12 座了。當中包括位於滋賀縣彥根市的彥根城。1896 年創立的近江鐵道車站沿線的電線柱上,可以發現近江帆布的牌子。近江鐵道把近江帆布運到全國,有部分更來到了 1909 年的香港。

近江帆布株式會社第 74 回
營業報告書（1933 年）

帆布一詞單憑漢字，很容易聯想到製造帆船的物料。帆布的英文是 Canvas，是一種比較厚身的布料，通常用來製作工作用的手袋。例如大家在以前的日本電影中看到踏着自行車派送牛奶、報紙等的員工身上背着的布袋，便是用帆布製作。

近江帆布株式會社在 1897 年創辦，後來在 1922 年跟其他紡織工場合併，成為近江帆布彥根工場。

時移世易，會社的名稱不斷變更，多次的合併、破產、重組之後，現在滋賀縣依然有帆布出品。其中最廣為人知的優秀工藝品，必數八幡帆布及高島帆布，它們都是近江帆布的子孫。

下次如果去琵琶湖旅遊，又或者去訪尋明智光秀一族的菩提寺西教寺，記得留意 110 年前這個曾經出口到香港的近江地域的帆布。

京都大澤商會

在眾多的廣告中，突然出現了京都大澤商會的名字。現時在網上可以找到的大澤商會，販賣的東西跟 110 年前已經完全不同。

1890 年京都的大澤善助創立製造座鐘的公司，並且販賣海外入口的高級品。如果諸位有看過以 19 世紀或者 20 世紀初期為背景的劇集、小說或者漫畫，應該會對客廳擺放的巨型座鐘有印象。大宅商會就是製造這種大型鐘錶的品牌。創業之後五年，大澤商會透過第四回內國勸業博覽會與美國一間公司簽定合約，從此不再生產自家的機械，改為利用美國生產的機械再放入國產的木箱內，製成座鐘。到了 1897 年，大澤商會終於正式設立，可是在《香港日報》發行前兩年的 1907 年，祝融到訪鐘錶工場，一切又化為灰燼……

1909 年大澤商會已經重整旗鼓？還是把外國的高級品透過香港的福記洋行輸入香港？我們目前還沒有足夠的資料，希望將來能了解更多吧！

順帶一提，大澤善助除了擁有這間鐘錶公司，同時還是京都電器鐵道的創辦人。這個鐵道，就是現在京都市梅小路公園內展示的市電的祖先。所以如果你在京都旅行時曾經參觀過市電，也算跟大澤善助攀過關係呢。

❀ 戰前日本人曾擔當的各種有趣行業

透過明治年間居住在香港的日本人名冊，可以得知當時居港日本居民的性別及住所之外，還可以了解到他們從事的職業。當中有部分傳統職業在日本本土也越發少人從事，以下為大家簡單介紹。

結髮師（髮結い　かみゆい）

結髮師用現代的語言去表述的話就是髮型設計師。

江戶時代，女性為主的工作除了幫忙接生初生嬰兒的產婆之外，就是在遊廓[1]從事的結髮師。眾所周知，浮世繪上的女性們，大多梳着後面高高隆起的華麗髮型。女性為了美觀，各種流行的髮型如雨後春筍，因此專門為了幫助女性完成複雜髮型的行業便應運而生。這些周旋於遊廓或者顧客家庭的結髮師多為女性，除了因為男性亦不便長期進出以上地方外，更重要的是他們未必能夠滿足女性客人對髮型的細微要求，所以服務女性的結髮師慢慢變成以女性為主流。這個掌故亦流傳到今日的日本語中，

浮世繪中描繪的女性結髮師

1　政府認可的賣淫地區。

謠語「髮結（かみゆ）いの亭主（ていしゅ）」就是指倚靠妻子工作賺錢維持生活的男人，廣東話俗稱「食軟飯」。

在早期香港從事理髮行業的男性並不罕見，當中還包括在外國人的地方打工的日本人，在閱讀資料的過程中也發現過兩三個名字。他們服務的對象包括日本人及日本人以外的客人。但是在居民的清單中卻意外發現有女性的結髮師，很有可能她服務的就是住在香港的日本女性，姑且推斷除了日本人男性的妻子女兒，還有唐行婦們。

透過多位日本名人到訪香港寫下的遊記得知，明治年間在香港出賣肉體維生的女性一直都是穿着傳統的和服，當中甚至有出現類近名貴的京都西陣織的服飾（這些不幸被拐帶的婦女是不是被人口販子強行穿上華麗的衣服？這些衣服是不是專程準備給她們開工使用？這些細節現在就無從考究了）。另一方面，透過 19 世紀末期到 20 世紀初年的相片，亦可以發現梳着傳統髮型如高島田的女性在香港街頭走動。因此有理由相信，女性結髮師在香港有穩定的客源，足以維持生計。

刺青師（入れ墨　いれすみ）

講起日本與刺青，大部分香港人聯想到的是如果有刺青就不可以去公眾浴場及溫泉，只能夠去貸切風呂[1]或者附設私人溫泉的房間。

只不過，刺青跟黑幫扯上關係的概念，其實是戰後才出現。刺青在日本由來已久，最早可以發現繩文時代的埴輪土偶上就已有刺青。戰國時代戰亂頻繁，相傳有士兵在出征之前會把自己的

1　短期出租的私人湯屋。

江戶末期男性的刺青圖案

姓名與家鄉以刺青的方式印上皮膚，這樣一旦戰死沙場都可以知道身份。江戶時代的日本，固然曾學習當時的明朝刑罰，以刺青懲罰罪犯，但亦有為了美觀在皮膚上用刺青畫上美麗花紋的人。尤其在明和、安永時期，《水滸傳》傳入日本並掀起風潮，把人物刻劃在身體上曾經成為一時潮流。

根據老香港回憶錄，早期居住在香港的日本人當中亦有刺青師這行業。而且根據他們的對話內容，他們的客人反而不是日本人，而是外國人為主，當中尤以俄羅斯人為多。可是他們的作品到底是什麼模樣，我們也無從而知了。

和服店（吳服商　ごふくしょう）

現在日本的和服店舖主要分為兩種：做外國人生意的、做本地人生意的。前者在東京淺草與京都旅遊區一帶成行成市，後者則分佈於全國各地，主要售賣穿着和服的道具、配件，也有提供度身訂造的服務。

和服在日本語中稱為吳服，知名的百貨公司三越百貨以前就

和服店的商品展示模式（攝於大阪生活今昔館）

是吳服店。吳服店放着一卷又一卷稱為反物[1]的和服料子，客人需要製作和服時就會把反物披到客人身上，讓客人對製作出來的和服的花紋位置及顏色配上自己皮膚後的效果有個基本概念。

幾百位明治時期居港的日本人中亦有經營和服店的。

即使是在日本本國，雖然明治年間的有識之士已開始穿着洋服，但是也只限於身份地位比較高的男人。即使大正時代的女學生已改穿袴這種活動能力相對較高的和服，但到了昭和初年，女性還是以穿傳統和服的較多。因此比起結髮和刺青，販賣和服似乎更加有市場。別忘記連唐行婦都是穿着和服呢。

在 1909 年創辦的《香港日報》中，最少就可以看見兩間和服店的廣告，分別是森田商店和今福商店。他們的廣告寫明除了吳服之外，店舖還有反物出售。假定過來香港赤手空拳闖天下的日本男性們大都是單身，或者未有帶同日本的妻兒前來，再不然就是跟本地人結婚，這些單身漢是不可能自己買反物縫製衣服的。因此也可以推斷，這些和服店有提供訂造和服的服務。

1　未製成和服的窄幅布匹。

後記

疫情期間我一直在想，歷史上會怎樣記載這個橫跨三年的世界級災難性瘟疫？

無論後世如何評價今日的瘟疫，讀歷史的人大概都喜歡在正史外找尋蛛絲馬跡，去了解當時的人的想法。著名的人會有各種紀錄留傳後世，讓 100 年後的人想像當年的狀況，但是每個星斗小市民的經歷和對瘟疫的感受同樣值得珍視。

在上集《爐峰櫻語：戰前日本名人香港訪行錄》中，透過 20 位不同界別的日本偉人的眼睛，我們看到 19 世紀到 20 世紀初的香港。可是這些遊客畢竟是過客，他們對香港的了解始終略嫌片面，就好像今日日本遊客到香港，大概只會記得天際 100、凌霄閣、天星海上遊、幻彩詠香江等。

本書講的是居住在香港這片土地上早期的日本人們的日常生活及他們的人生。晚上閃閃生輝的維多利亞港與奇花異卉讓人目不暇給的動植物公園，對於這些居民來說平凡不過。他們要做的，是在中西文化同時植根的香港上謀求生計，好好過日子。

本書能夠面世，要感謝三位非常重要的人物：香港日本文化協會前副校長侯清儀先生、福島縣人會前會長生田目伸二先生、香港日本人俱樂部前事務局長暨史料編集委員會主席福光博一先生。

2020 年疫情開始不久之時，侯老師送我一套史書。

該套史書一套兩冊，於 2006 年出版，分別是《香港日本人社會の歷史》及《香港日本人墓地》，講述 19 世紀至平成中葉日本人如何在香港落地生根、如何發展他們的社區。要是沒有以上資料及陳湛頤先生的香港日本人研究，單憑我自己，本書根本

不可能完成。

《爐峰櫻語：戰前日本名人香港訪行錄》出版後，福島縣出身的生田目先生率先購入，並且寄到書中福島縣其中一位偉人——草野心平的文學紀念館。生田目先生長居香港近 20 年，香港與福島之間的緣分原來早就透過草野心平結下，令我有份莫名的感動。

其後因生田目先生某次偶然飯局，我認識了套書的作者——福光博一先生。雖然唐突但我還是跟福光先生詳細講述了自己的研究計劃，並且成功邀請福光先生做詳細訪問。於是，我終於在 2022 年的 9 月跟這位研究香港日本人歷史的東京大學 60 年代畢業生詳談。

在日本，77 歲有個名堂叫喜壽。寫出 240 頁歷史書的福光博一先生出生於日軍佔領香港期間的 1944 年，是人稱日本第一學府的東京大學 60 年代經濟學科的畢業生，可謂尖子中的尖子。他在香港居住了 28 年，目前從事咖啡貿易生意。

福光先生說：「曾經在香港居住的日本人很多，為了生活為了賺錢為了喜歡香港的，都有。但講到香港的日本人歷史？即使現代也沒有太多人關心日本民族在香港這土地上留下的腳印。因此我就在 2005 年產生了寫一本歷史書這個想法。」因為對歷史的熱愛與堅持，經濟系畢業的他以日本人俱樂部事務局長身份，籌辦史料編集委員會，聚集了幾位住在香港的日本僑民，透過各種渠道，把江戶至平成年間日本人在香港的各種資料蒐集回來，再整理成書。

「日本戰敗後，日本總領事館於 1952 在香港開幕。東京銀行緊隨其後開設，是戰後在香港插旗的第一所企業。1955 年 8 月 18 日，香港日本人俱樂部成立。2005 年是日本人俱樂部設立的 50 周年，除了在維多利亞公園舉辦盛大的祭典與香港市民同

樂，亦在酒店舉辦盛大宴會，當時的特首曾蔭權亦有到場恭賀。此外還有三味線的演奏會及其他各種活動，慶祝日本人再次到香港 50 周年。」

2005 年，福光先生為首的委員會走到跑馬地的墳場，只見日本人墓地雜草叢生。墓地修葺過後，他們決定把為數約 450 左右的荒塚做詳細資料記錄，福光先生憶述女性委員們當時已經是「歐巴桑」了，無懼風雨與烈日，用了足足一年時間逐一抄寫、整理、拍攝、製作圖片，終於完成我手上《香港日本人墓地》一書。

「現時香港日本人墓地不再雜草叢生，不但有專人管理，每年秋天還會舉辦掃墓活動。」福光先生翻着這本 17 年前傾盡心血寫成的歷史書，輕輕撫摸着書頁上委員會會員們的名字。「製作這本《香港日本墓地》的『歐巴桑』們通通都已經過身了呢。」

福光先生在 2005 年製作套書以後，到了 2021 年日本人俱樂部再次有新的突破：香港日本人墓地墓主們的故事被逐一發現，這些故事是研究香港日本人歷史不可或缺的珍貴新史料。墓主們在歷史上寂寂無名，也許做夢也想不到會在香港塵歸塵、土歸土。

福光先生還說：「2006 年書本出版後不久曾經有把書本翻譯成中文的念頭。當時接觸的正正是三聯書店。可是後來因為種種原因不能成事，未有想過十幾年後我的書能夠為他人做研究派上用場，也是一件美事。」

史料編集委員會中還活着的會員已經寥寥無幾。我慶幸能夠有機會閱讀到這套書，並且跟計劃的發起人互相交流體會與心得。希望這本書能夠延續前人的研究，讓不諳日語的香港讀者都能夠窺探居住在香港的日本人以前的歷史，更希望未來有後學會繼續在這個範疇上進一步開拓新的領域。

1　日語「大媽」的音譯。

附
錄

英國回流香港舊照片中的故事：
大正三年居港日籍柔道教練

　　2022 年春夏交替之間，位於觀塘某工業大廈的古董小店 Morpheus Antique 迎來了一本來自英國、超過百年歷史的相冊。

　　這是一本綠色的相冊，林林總總的黑白相片記載了英國人 Leopold Mclaglen 上世紀在亞洲的生活點滴。跟 20 世紀初期好多外國人一樣熱愛亞洲事物，在 Leopold Mclaglen 的香港寓所裏，不難發現各種亞洲的工藝品。有香爐，也有日式和中式的家具。至於寓所，根據相片後面的文字，相信位於九龍半島。

　　Leopold Mclaglen 在早年就利用其過人身高，虛報年齡以參加波爾戰爭。其後他的「精彩」人生還包括捲入各種醜聞、家暴離婚、虛報資歷、詐騙等。戰後由於他的武術表現和（自稱）柔道冠軍頭銜，曾被任命為軍團柔術教練，在不同的英軍駐地進行柔道和刺槍教練工作。對於他的工作表現和能力，坊間有各種批

相簿主人與石原（中）（圖片由 Morpheus Antique 提供）

評與質疑，本書作為戰前居港日本人研究之作，暫且把這個問題置之不理。皆因雖然 Leopold Mclaglen 只是在 1913 年期間短暫停留香港，卻留下了不少有趣的蹤跡，而且跟我們即將要講的話題大有關係。

在大量相片中，出現了一位穿着日本柔道袍的魁梧男子。這位男子赤裸上身，雙手交疊胸前，健碩的肌肉在黑白菲林的陰影襯托下，特別鮮明活現。

相片的背後，物主用英文寫下了老師的名字：Ishihara。筆者曾經透過電郵聯絡早於 1966 年創立香港柔道館的負責人岩見武夫的兒子岩見龍馬，可惜得到的回覆是戰前的香港柔道事情他們並不清楚，於是研究的道路又回到紙本文獻上。

古董店 Morpheus Antique 店主表示喜愛研究歷史的客人朋友就 Ishihara 這個名字做過調查，發現原來在 1914 年《南華早報》曾經有一則小廣告。位於德輔道中 43 號的柔道學校有 D. Watanabe 師範及助理 K. Ishihara。透過相冊日期及廣告，我們大概可以推論出名為 D. Watanabe（渡邊）及 K. Ishihara（石原）兩位居住在香港的日本人，在德輔道中 34 號開班授徒。

但是，Leopold Mclaglen 並不是親身前往德輔道中學習柔道的。相片後面的文字再次向我們透露訊息：是石原親身前往 Leopold Mclaglen 位於九龍的寓所私人教學。

透過相片，我們還能看到石原老師跟 Leopold Mclaglen 手持網球拍的合照。在香港的日本人打網球嗎？其實在 1903 年，日本人網球俱樂部經已組成，名為大和會。只不過他們兩人到底是在大和會打網球？還是在其他英國人的會所打網球？我們就不得而知了。

石原除了教授柔道之外，還讓 Leopold Mclaglen 體驗穿和服。穿着休閒男性衣服的 Leopold Mclaglen 再加上身穿日本傳統

石原在香港西式洋房的亞熱帶植物前留影（圖片由 Morpheus Antique 提供）

穿着正統日式禮裝和服的石原，相中可見中西合璧的室內陳設。（圖片由 Morpheus Antique 提供）

正式禮裝男紋付着物的石原在客廳留影，相中阻擋酷熱陽光的陽台、亞熱帶觀葉植物、木製的百葉簾門窗、中西合璧的各種傢俱，通通都展現了 20 世紀初期至戰前香港有錢人住宅的模樣。

Leopold Mclaglen 除了跟石原相熟之外，他們的聚會中還有另一位相信是英國人的 Richard Beaumont。三個人坐在唐樓的陽台上身穿柔道袍留影。

話說，雖然發現《南華早報》上有 1914 年渡邊與石原用英文寫的廣告，但我們並不能說他們就是最早在香港教授柔道的教練。在 1906 年 5 月 28 日《香港華字日報》已經有日本人登報表示開館授徒，名字為櫻井一房。《香港華字日報》是 1872 年 4 月 17 日創立的中文報紙，也就是說這位教練的目標對象是懂得閱讀中文的本地華人。

渡邊與石原在《南華早報》的廣告，其實還透露了更多的資訊。廣告上面記述了石原是 "2nd Grade, Kodo-Kwan, Tokio"，

在今時今日的香港，我們身邊總有一個學習過柔道朋友，對於色帶制度我們都相當熟悉。那麼到底這個 "2nd Grade" 是啡帶還是黑帶二段的意思呢？Kodo-Kwan 又是什麼東西呢？

筆者 2005 年剛剛開始學習日本語的時候，班上有名叫吳梓揚的男同學，曾經獲取多個柔道獎項。畢業多年，今日吳梓揚已身兼香港柔道會助教及仲間柔道會總教練。吳梓揚的大學論文原來正正就是做有關柔道之父嘉納治五郎的教育研究，對於柔道的發展及教育有一定的認識。筆者向吳梓揚講述了石原的故事後，他認為英文是直接翻譯日本 "2 Dan" 的可能性很高，也就是黑帶二段。不過他亦提出在今日，二段只可以做 B 級教練，如果要做到 A 級教練掌管一個會，就要有三段的資格。咦，難怪報紙上石原是 assistant 不是 instructor，不過在 1920 年代的香港，相信沒有那麼嚴格吧。

我們再回到相片上的石原。吳梓揚提出早期柔道袍的顏色並不像今日是純白，而是偏向米黃色的布料。這個我們在黑白相片上並不能看得很清楚。可是看來石原身上也有一條黑帶 —— 原來 20 世紀初期已經有色帶制度嗎？

話說 1882 年日本柔道之父嘉納治五郎創立講道館之時，傑出的門下生都會綁上黑帶。至於介乎黑帶與白帶之間的色帶制度，是 1906 年大日本武德會柔道部等級及晉級規程最早引入，到了 1914 年講道館少年柔道亦開始使用，至於在海外就有英國柔道之父小泉軍治與法國柔道之父川石酒造之助支持並採用。

心細如塵的讀者們，大概都已經讀到端倪。《南華早報》廣告中 Kodo-Kwan 就是嘉納治五郎創辦的講道館。位於東京都上野的永昌寺中一個 12 疊房間再加上 7 疊面積的書院，就是最初的講道館道場。這就是為什麼 Kudo-Kwan 後面會跟着當時東京的羅馬拼音 Tokio 的緣由。因此，我們可以了解到這位 20 世紀

初期居住在香港的石原，大約曾經在東京講道館學習柔道並取得二段的資格，在香港德輔道中跟隨渡邊師範做助教之外，同時也私人教授英國人 Leopold Mclaglen 柔道。

上文提過 Leopold Mclaglen 曾被任命為軍團柔術教練，在不同的英軍駐地進行柔道和刺槍教練工作。那麼他學習的柔道，跟今日的又有不同嗎？根據今日東京講道館網站指出，1895 年就有「舊五教之技」，後來到了 1920 年修正過後成為「五教之技」。在其中一幀相片中出現的動作名為「大腰」（おおごし），是舊五教中第二教的技法。由於 1914 年石原已經在香港執教鞭，估計他學到的也是舊五教之技。

石原示範「大腰」（圖片由 Morpheus Antique 提供）

　　話說日本柔道之父嘉納治五郎跟曾經到訪香港的日本明治著名文學家、軍醫森鷗外其實也有相當深厚的緣分。他們兩人互相認識，森鷗外的小說《雁》就以嘉納治五郎為原型。森鷗外曾經在 1884 年 8 月 31 日到達香港，並且在香港逗留過四天。他在領事館安排下曾經參觀香港的軍營及其他設備，在英國軍方同意下亦先後參觀過療養院和醫療船。有關 19 世紀香港的醫院的情況，我們還要利用他的作品《航西日記》去多加了解呢。

參考書目

一、中文書籍

丁新豹、盧淑櫻：《非我族裔：戰前香港的外籍族群》，香港：三聯書店（香港）有限公司，2014 年。

王柯：《民族主義與近代中日關係：「民族國家」、「邊疆」與歷史認識》，香港：香港中文大學出版社，2015 年。

王賡武 主編：《香港史新編》（上、下），香港：三聯書店（香港）有限公司，1997 年。

李培德 編著：《日本文化在香港》，香港：香港大學出版社，2006 年。

柴田幹夫 著，王鼎等 譯，闞正宗 監譯：《興亞揚佛：大谷光瑞與西本願寺的海外事業》，新北：博揚出版社，2017 年。

馬冠堯：《戰前香港電訊史》，香港：三聯書店（香港）有限公司，2020 年。

陳湛頤：《日本人訪港見聞錄（1898-1941）》（上、下），香港：三聯書店（香港）有限公司，2005 年。

陳湛頤：《日本人與香港：十九世紀見聞錄》，香港：香港教育圖書公司，1995 年。

趙雨樂、鍾寶賢、李澤恩編注，梁英杰、高翔、樊敏麗譯：《明治時期香港的日本人》，香港：三聯書店（香港）有限公司，2016 年。

劉潤和：《香港市議會史（1883-1999）：從潔淨局到市政局及區域市政局》，香港：康樂及文化事務署，2002 年。

謝健編 譯：《寄旅香江：日本人筆下的香港》，南京：南京師範大學出版社，2017 年。

二、中文論文

池上貞：〈嶺南大學與日本詩人草野心平〉，《現代中文文學學報》第 7 期，2005 年。

李歐梵：〈上海的世界主義〉，《二十一世紀雙月刊》第 54 期，1999 年。

許峰源：〈1908 年中日二辰丸案交涉始末〉，《東吳歷史學報》第 22 期，
　　　　2009 年。

三、日文書籍及報章

《香港日報》1909 年 9 月 -11 月，香港：香港日報社，1909 年。

《香港日本人社会の歴史：江戸から平成まで》，香港：香港日本人倶樂部史
　　　　料編集委員會，2005 年。

《高橋是清自伝》，東京：中公文庫，1976 年。

《陸奥宗光伯：小伝・年譜》，東京：陸奥宗光伯 70 周年記念会，1966 年。

《黒田清輝日記》，東京：中央公論美術出版，2004 年。

小田基 編：《航米日錄を錄む —— 日本最初の世界一周日記》（玉蟲左太夫
　　　　遊記），宮城県：東北大學出版会，2000 年。

小笠原長生：《聖將東郷全傳》，東京：国書刊行会，1940 年。

北岡伸一、歩平 編：《「日中歴史共同研究」報告書（第 1 巻）古代・中近
　　　　世史篇》，東京：勉誠出版，2014 年。

平岡敏夫 編：《漱石日記》，東京：岩波文庫，1990 年。

佐野実：《外交官・船津辰一郎と長崎》，長崎市：長崎県文化振興課，
　　　　2019 年。

佐野実：《梅屋庄吉をたずねて 19 世紀末香港日本人社会の実態から》，長
　　　　崎市：長崎県文化振興課，2019 年。

杉村朋子 著，中野嘉子 監修：《香港セメタリーに眠る日本人の物語 明治開
　　　　国から大正期にかけて (1878~1918)》，香港：香港日本人倶樂部香港
　　　　日本人墓地管理委員会，2021 年。

和田博文：《海の上の世界地圖　歐州航路紀行史》，東京：岩波書店，
　　　　2016 年。

芳賀檀 編：《芳賀矢一文集》，東京：富山房，1937 年。

長沢和俊：《大谷探檢隊シルクロード探檢》，東京：白水社，1998 年。

柴崎信三：《魯迅の日本漱石のイギリス》，東京：日本經濟新聞社，1999 年。

渋沢栄一伝記資料刊行会：《渋沢栄一伝記資料》（第一巻），東京：岩波書
　　　　店，1944 年。

瀬沼茂樹：《日本文壇史 21「新しき女」の群》，東京：講談社文芸文庫，
　　　　1998 年。

Carlo Edoardo Pozzi：〈駐イタリア日本特命全權公使鍋島直大と日伊関係史におけるその役割 (1880-1882) ——日伊両国の一次史料を中心に〉，《イタリア学会誌》第 70 号，2020 年。

KG ミウラ：〈特集 大江卓（おおえ・たく）人権擁護・人道主義に生きた！——明治初期の神奈川県権令時代・マリア・ルス号事件を中心に〉，《横浜歴史さろん》，2018 年。

上白石実：〈明治維新期旅券制度の基礎的研究〉，《史苑》第 73 巻第 1 号，2013 年。

大里浩秋：〈宗方小太郎日記，明治 30~31 年〉，《人文学研究所報 Bulletin of the Institute for Humanities Research》第 44 巻，2010 年。

小山騰：〈明治前期国際結婚の研究：国籍事項を中心に〉，《近代日本研究》第 11 巻，1994 年。

小島勝：〈香港日本人学校の動向と香港本願寺〉，《佛教文化研究所紀要》第 43 期，2004 年。

小野一一郎：〈日清戦争賠償金の領収と幣制改革——日本における金本位制の成立〉，《經濟論叢》第 94 巻第 3 号，1964 年。

山本忠士：〈日中間のコミュニケーション・ギャップ考——1908 年の第二辰丸事件と日貨ボイコット運動を中心として〉，《日本大学大学院総合社会情報研究科紀要》第 5 号，2004 年。

山藤竜太郎：〈三井物產の買弁制度廢止 上海支店に注目して〉，《經營史学》第 44 巻 2 号，2009 年。

中川清：〈二人の関西系貿易人 金子直吉と安宅弥吉〉，《白鷗法学》第 12 号，1999 年。

中川清：〈明治・大正期における商社の研究〉，《白鷗大学論集》第 8 巻第 2 号，1994 年。

丹野 ：〈明治・大正・昭和初期の日本企業の南洋進出の歴史と国際經營〉，《国際經營フォーラム》第 27 号，2016 年。

太政官 編：〈三菱汽船香港開線新潟丸入港ノ節景況報告ノ件〉，《公文錄・明治十二年・第三十五巻・明治十二年十一月～十二月・外務省（十一月・十二月）》，1879 年。

手塚竜麿：〈南貞助と妻ライザ〉，《英学史研究》第 7 号，1974 年。

木山実：〈三井物產草創期の海外店鋪展開とその要員〉，《經營史學》第 35
　　　卷 3 號，2000 年。

片山邦雄：〈近代日本海運とアジア〉，《京都大学学術情報リポジトリ 紅
　　　KURENAI》，1995 年。

片山章雄：〈ヨーロッパの大谷光瑞〉，《東海大学紀要・文学部》第 78 卷，
　　　2003 年。

片山章雄：〈大谷光瑞の歐州留学〉，《東海大学紀要・文学部》第 76 卷，
　　　2001 年。

平井健介：〈1900~1920 年代東アジアにおける砂糖貿易と台灣糖〉，《社会
　　　經濟史学》第 73 卷第 1 號，2007 年。

白岩昌和：〈濱口梧陵と海を渡った先驅者たち〉，《紀州經濟史文化史研究
　　　所紀要》第 40 卷，2019 年。

白鳥圭志：〈創業期の横浜正金銀行：貿易金融業務の開始と經營管理体制の
　　　構築〉，《社会經濟史学》第 78 卷第 2 號，2012 年。

伊井義人、青木麻衣子：〈オーストラリア・木曜島に渡った日本人の足跡
　　　を追う──藤井富太郎氏の生涯から考える〉，《藤女子大学紀要》第
　　　49 號第 II 部，2012 年。

寺本敬子：〈1867 年パリ万国博覽会における「日本」〉，《日法歴史学会会
　　　報》第 28 卷，2013 年。

寺崎弘康：〈横浜正金銀行員の肖像寫真──川島忠之助資料から〉，《神奈
　　　川県立博物館研究報告──人文科学》第 40 號，2013 年。

吳起：〈三井物產における買弁の廢止と中国人の雇用〉，《現代社会文化研
　　　究》第 66 號，2018 年。

吳偉明：〈戰前の香港における日本人コミュニティの歴史的及び社会的研
　　　究〉，《日中社会学研究》第 16 號，2008 年。

松浦章：〈一八八二年三菱郵便汽船会社により上海へ輸出された日本産昆
　　　布〉，《関西大学東西学術研究所紀要》第 46 卷，2013 年。

松浦章：〈清末中国と日本間の汽船定期航路〉，《関西大学東西学術研究所
　　　紀要》第 37 卷，2004 年。

長沢康昭：〈第一次大戰期における三菱合資の海外支店 ロンドン支店を中
　　　心に〉，《經營史学》第 23 卷第 1 號，1988 年。

重松優：〈香港総督ジョン・ポープ・ヘネシーと大隈重信〉，《社学研論集》
　　　第 8 號，2006 年。

宮永孝：〈東郷平八郎の英文日記〉，《社會誌林》第 48 卷，2001 年。

高世信晃：〈陸奥宗光の政治的「個人」創出の試み──明治におけるヨー
　　　ロッパ政治思想の日本的取捨選 について〉，《日本研究セミナー「明
　　　治」報告書》，2014 年。

高橋裕子：〈舊長崎唐通事が明治初期に果たした役割 ──マリア・ルス号
　　　事件を通じて〉，《杏林大学大学院国際協力研究科 大学院論文集》第
　　　13 号，2016 年。

渡辺好章：〈わが国際マーケティング発達史の要因分析研究（III）〉，《城
　　　西大学經營紀要》第 6 巻第 2 号，1984 年。

須川妙子：〈『東亞同文書院大旅行誌』の食の記述にみる近代日本青年のア
　　　ジア觀─香港の例─〉，《文明 21》第 40 号，2018 年。

塩山正純：〈『大旅行誌』の思い出に記された香港 ──昭和期の記述よ
　　　り〉，《文明 21》第 40 号，2018 年。

奥村功：〈明治初期のあるフランス留学生──湯川温作〉，《立命館言語文
　　　化研究》第 4 巻第 1 號，1992 年。

鈴木栄樹：〈駐伊公使時代の田中不二麿と訪伊日本人たち ──明治中期に
　　　おける日本人政治家のイタリア〈觀光〉〉，《立命館言語文化研究》
　　　第 20 巻第 2 号，2008 年。

鈴木祥：〈明治期日本と在外窮民問題〉，《外交史料館報》第 33 号，
　　　2020 年。

関水信和：〈渉沢栄一における歐州滞在の影響──パリ万博（1867 年）と
　　　洋行から学び実践したこと 」〉，《千葉商大論叢》第 56 巻，2018 年。

関誠：〈1880 年代後半日本の対清情報活動と荒尾精・町田実一の日清貿易
　　　振興論〉，《第 14 回諜報研究会 》，2016 年。

樋口雄彦：〈学制期諸県に及んだ靜岡藩小学校の影響〉，《国立歴史民俗博
　　　物館研究報告》第 167 巻，2012 年。

澤護：〈フランス郵船と日本──1865 年から 1889 年までの横浜寄港か
　　　ら〉，《千葉敬愛經濟大学研究論集》第 26 巻，1984 年。

藤田佳久：〈荒尾精と日本初のビジネススクール・日清貿易研究所の誕
　　　生〉，《同文書院記念報》第 28 号，2020 年。

五、英文書籍

Charlton B. Perkins, *From Occident To Orient And Around The World Or From Grandeurs*

Of The West To Mysteries Of The East Descriptive Of United States, Honolulu, Japan, China. Philippine Islands Cochin China, Siam, Straits Settlements, Island Of Java, Burmah. India, Ceylon Egypt, Europe, Etc., New York City: The Charlton B. Perkins Company, 1907.

Georgina Challen Project Leader: Nakano Yoshiko : *Japanese Graves in the Hong Kong Cemetery, 1878-1918*, Hongkong: Hongkong Japanese Club Cemetery Preservation Committee, 2021 .

六、英文論文

Brian Bocking, "The First Buddhist Mission to the West: Charles Pfoundes and the London Buddhist mission of 1889-1892", University College Cork.

D.A. Griffiths and S.P. Lau, "The Hong Kong Botanical Gardens, A historical overview", *Journal of the Hong Kong Branch of the Royal Asiatic Society*, Vol. 26, 1986.

Rebecca Maki, "Discovery of Yersinia pestis", University of Pittsburgh.

Seth Jacobowitz, "Writing Technology in Meiji Japan: A Media History of Modern Japanese Literature and Visual Culture", *Japan Forum*, Vol. 31, No. 2, 2019.

明治年間日本駐港領事列表

林道三郎	副領事（1872 年 10 月 15 日任命）
尾崎逸足	事務代理（1873 年 9 月 12 日着任）
樋野順一	事務代理（1873 年 10 月 3 日着任）
安藤太郎	副領事（1874 年 7 月 3 日着任）
小林端一	事務代理（1875 年 4 月 11 日着任）
安藤太郎	副領事（1875 年 7 月 1 日着任）
安藤太郎	領事（1877 年 10 月 25 日着任）
寺田一郎	事務代理（1878 年 3 月 21 日着任）
安藤太郎	領事（1878 年 8 月 28 日着任）
太沼讓	事務取扱（1879 年 5 月 31 日着任）
安藤太郎	領事（1879 年 10 月 12 日着任）
寺田一郎	事務代理（1881 年 6 月 10 日着任）
安藤太郎	領事（1881 年 11 月 7 日着任）
平部二郎	事務代理（1883 年 4 月 24 日着任）
町田實一	領事代理心得（1883 年 12 月 16 日着任）
田邊貞雄	事務代理（1885 年 8 月 2 日着任）
南貞助	領事（1885 年 8 月 29 日着任）
齋藤幹	事務代理（1887 年 5 月 21 日着任）
南貞助	領事（1887 年 9 月 5 日着任）
齋藤幹	事務代理（1888 年 7 月 12 日着任）
鈴木充美	領事（1889 年 3 月 4 日着任）
齋藤幹	事務代理（1890 年 2 月 28 日着任）
宮川久治郎	領事代理（1890 年 5 月 13 日着任）
中川恒次郎	一等領事（1894 年 1 月 20 日着任）
清水精三郎	事務代理（1896 年 2 月 1 日着任）
清水精三郎	二等領事（1896 年 11 月 10 日着任）

高木澄三郎	事務代理（1897 年 9 月 9 日着任）
上野季三郎	二等領事（1898 年 1 月 25 日着任）
加藤本四郎	領事（1900 年 12 月 1 日着任）
野間政一	領事（1901 年 11 月 24 日着任）
桐野弘	事務代理（1902 年 11 月 4 日着任）
野間政一	領事（1903 年 9 月 3 日着任）
隈部軍	事務代理（1906 年 4 月 3 日着任）
田中都吉	領事（1906 年 11 月 30 日着任）
益子齋造	事務代理（1907 年 7 月 10 日着任）
船津辰一郎	副領事（1908 年 5 月 5 日着任）
渡邊省三	事務代理（1909 年 4 月 24 日着任）
船津辰一郎	副領事（1909 年 6 月 9 日着任）
船津辰一郎	領事（1909 年 6 月 30 日着任）
船津辰一郎	総領事代理（1909 年 10 月 1 日着任）
今井忍郎	総領事（1912 年 2 月 27 日着任）

策劃編輯	梁偉基
責任編輯	張軒誦
書籍設計	a_kun　陳朗思
書籍排版	陳美連

書　　名	爐峰櫻語：戰前日本人物香港生活談
著　　者	黃可兒
出　　版	三聯書店（香港）有限公司
	香港北角英皇道 499 號北角工業大廈 20 樓
	Joint Publishing (H.K.) Co., Ltd.
	20/F., North Point Industrial Building,
	499 King's Road, North Point, Hong Kong
香港發行	香港聯合書刊物流有限公司
	香港新界荃灣德士古道 220－248 號 16 樓
印　　刷	寶華數碼印刷有限公司
	香港柴灣吉勝街 45 號 4 樓 A 室
版　　次	2023 年 4 月香港第一版第一次印刷
規　　格	大 32 開（132 × 210 mm）200 面
國際書號	ISBN 978-962-04-5144-7

封面圖片由張順光先生提供